Alfred Behrens
Volker Noth
Berliner Stadtbahnbilder

Für David und Tipje

Alfred Behrens
Volker Noth

BERLINER STADTBAHNBILDER

Ullstein

©1981 by Verlag Ullstein GmbH,
Frankfurt/M – Berlin – Wien
Alle Rechte vorbehalten
Gestaltung und Layout:
Atelier Noth + Hauer, Berlin
Satz: focus-Fotosatz GmbH, Berlin
Reproduktionen:
Schütte & Behling, Berlin
Druck:
Druckhaus Tempelhof, Berlin
Buchbinder:
Lüderitz & Bauer, Berlin
Printed in Germany 1981
ISBN: 3-550-07945-1

Lektorat: Klaus Kochmann

Erste Auflage · Oktober 1981
Zweite Auflage · Dezember 1981

Inhalt

Fahren und Erfahren

Jede *Fahrt* mit der Berliner S-Bahn vermittelt die sinnlich-konkrete *Erfahrung* von Geschichte. Hier, im historischen Abseits, in einer einzigartigen Landschaft, in der die Zeit stehengeblieben ist, hier löst der Passagier mit jeder Fahrkarte das Billett zu einer Reise in die Vergangenheit. In den Abteilen der fünfzig Jahre alten Triebwagen, auf den Bahnhöfen aus dem 19. Jahrhundert ist Vergangenes lebendig geblieben, ist nicht totes Inventar, unberührbares Ausstellungsstück eines Technischen Museums. Die Fahrt mit der Stadtbahn, der Blick aus dem Abteilfenster ermöglichen einen selbstverständlich-alltäglichen Umgang mit Geschichte.

Wir haben fotografiert, was zu sehen ist. Schöne Bilder, häßliche Bilder, Bilder, die in ihrer Häßlichkeit schön sind, Bilder, die Geschichte(n) erzählen. Aus dieser Erfahrung heraus ist dieses Buch entstanden, diese Erfahrung hat ihm seine Form, seine Gestaltung gegeben, den Rhythmus seiner Montage – wir haben den Versuch unternommen, ein gleichzeitig historisches, erzählendes und assoziatives Fotobuch zu montieren.

Dahinter steht ein neuer Geschichtsbegriff. Die Auffassung, daß Geschichte nicht mehr länger nur von Werken und (Un-)Taten privilegierter Machteliten handeln darf, sondern Geschichte der Leute werden muß, Geschichte der Vielen, Geschichtsschreibung von unten. Diese Erkenntnis hat sich – zumindest ansatzweise – in den letzten Jahren auch in der historischen Fachwissenschaft durchgesetzt. Der anglo-amerikanische Begriff »Oral History« beschreibt einen neuen Arbeitsansatz: Tonbandinterviews, Videoaufzeichnungen halten die persönlichen Erinnerungen alter Menschen fest, vermitteln Geschichte aus erster Hand. Hörspielautoren, Filmdokumentaristen kennen diese Arbeitsmethode schon sehr viel länger – sie arbeiten mit Originalton, mit dokumentarischen Techniken, weil sie auf der Suche nach der Wirklichkeit sind.

Für uns war die Arbeit an diesem Buch neben dem Fotografieren von Anfang an auch die Suche nach persönlichen Geschichten, nach Alltagsgeschichten, deren Addition, deren assoziative Bild/Text-Montage Geschichte erzählen sollte: Berliner Geschichte, Deutsche Geschichte. Wir wollten alte Menschen finden und uns aus ihren Erinnerungen erzählen lassen, wir wollten festhalten, was die Leute in ihrem Leben auf der S-Bahn, mit der S-Bahn erlebt und seither nicht mehr vergessen haben.

Wir haben viele Gespräche geführt, mehr als 15 000 Meter Tonbandmaterial sind am Aufnahmekopf unseres Bandgeräts vorbeigelaufen. Diesen Interviews haben wir 32 Originalton-Geschichten entnommen und auf den folgenden Seiten neben die Fotografien gestellt. Die Texte sind für den Druck nur vorsichtig redigiert worden, die spezifische Charakteristik gesprochener Sprache sollte soweit wie möglich erhalten bleiben. Nur dort, wo er andernfalls nicht lesbar, nicht verständlich geworden wäre, ist der Text bearbeitet worden. Die Geschichten und die Bilder erzählen die Geschichte der Stadt Berlin, die Geschichte der Stadtbahn, der Ringbahn, der Nord-Süd-Bahn und der Vorortbahnen – natürlich erzählen sie auch die persönliche Geschichte der Geschichtenerzähler, die Geschichte der Menschen, der Leute dieser Stadt.

Alfred Behrens
Berlin, im Juni 1981

Die schwarzen Züge
fahren jetzt nicht mehr,
die neuen sind jetzt
farbig

Wir wohnten gegenüber vom Bahnhof Westend. Unser Hof ging auf die Bahngleise raus und war nach der einen Seite hin offen, d.h. mit einem Drahtzaun versehen, so daß man immer schön die Bahn beobachten konnte. Ich spielte oft auf dem Hof, und ich kann mich noch erinnern, daß es eines Tages hieß, die S-Bahn ist jetzt plötzlich elektrisch, und die schwarzen Züge fahren jetzt nicht mehr, die neuen sind jetzt farbig, und wir wollen jetzt mal auf den Hof gehn und gucken, wenn der erste Zug da vorbeirauscht. Und das war eine ganz große Angelegenheit, die ganze Hausgemeinschaft stand auf'm Hof, und dann warteten wir auf die erste S-Bahn, die dann bei uns vorbeifuhr. Damals kostete der Fahrpreis für Erwachsene 20 Pfennig und für Kinder einen Groschen.

◁ Stadtbahn zwischen den Bahnhöfen Savignyplatz und Zoologischer Garten

Lehrter Bahnhof ▷

Wenn wir da rausgefahren sind mit der ganzen Familie, dann fuhren wir mit dem Verbinder

Ach wissen Sie, meine ersten Fahrten mit der S-Bahn, die haben so um 1900 stattgefunden, da war das noch der »Verbinder«, da hieß es noch nicht »S-Bahn«. Ich bin 1895 geboren, ich hab erst mit 5 Jahren laufen gelernt, ich dachte damals schon, ich werd' mal Kavallerist. Meine Schwester, die ist früh gestorben, die liegt in Weißensee draußen, wo früher die alte Rennbahn war, da liegt die auf dem Friedhof. Wenn wir da rausgefahren sind mit der ganzen Familie, dann fuhren wir mit dem Verbinder, das hieß Verbinder, das war die Ringbahn, dann fuhren wir bis Prenzlauer Allee. Da mußte mein ältester Bruder mich schleppen, weil ich noch nicht richtig laufen konnte, ja, das sind meine frühesten Erinnerungen an die Ringbahn.

Da fuhren noch die Dampfzüge auf der Strecke nach Oranienburg

Als Kinder sind wir dann oft zur Millionenbrücke rübergelaufen, das war ja nicht weit. Als ich so etwa 8–9 Jahre alt war, da fuhren noch die Dampfzüge auf der Strecke nach Oranienburg und nach allen Richtungen. Da gingen wir dann immer auf diese Millionenbrücke und haben von oben die Fahrtrouten der Züge beobachtet. Wenn ein Dampfzug ankam, der eine große Dampfwolke auspuffte, haben wir uns gefreut. Wir rannten dann hin und fühlten uns richtig in Wolken eingehüllt, das machte uns riesigen Spaß.

Bahnhof Lichtenrade

Bahnhof Lichterfelde-West

Bahnhof Botanischer Garten

Bahnhof Wollankstraße
Eingang und Bahnhof liegen in
Berlin (Ost)

Bahnhof Tiergarten

Bahnhof Waidmannslust

Bahnhof Südende

BAHNHOF BERLIN-LICHTERFELDE OST

Bahnhof Lichterfelde-Ost

Bahnhof Schönholz

Man nannte sie die Blaubeerzüge

Als ich meinen Mann kennenlernte, da haben wir dann sonntags immer in aller Frühe unsere Ausflüge gemacht. Immer mit der S-Bahn raus nach Grünau, nach Bernau oder nach Erkner. Da haben wir dann unsere Wanderungen gemacht.

Schön war auch die Strecke nach Oranienburg. Oder nach Brieselang – immer an der Briese lang, das war ein wirklich schöner Weg. Da waren ja auch schöne Wälder. Dann haben wir auch mit der Heidekrautbahn viel unsere Fahrten gemacht. Die fuhr dann über Mönchmühle bis raus nach Wandlitz oder Wandlitzsee, da waren große Blaubeerwälder. Als junge Frau bin ich dann auch mit einer Bekannten in die Wälder gegangen, da habe ich so 6–7 Pfund Blaubeeren am Tag gesammelt. Die Züge waren alle voll, man nannte sie die »Blaubeerzüge«. Alles hatte dann Eimer und Körbe voll und kam dann abends mit gefüllten Gefäßen wieder nach Hause. Und schöne blaue Hände hatten wir und einen schönen blauen Mund.

Anhalter Güterbahnhof

Wenn sie meinen Vater mit dem Weißbierglas auf dem Balkon stehen sahen, riefen sie: »Du hast es schön!«

Wenn sonntags die Ausflügler nach Tegel fuhren, standen die Menschen in Dreier- und Viererreihen hintereinander an der Bahnsteigkante. Der Zug kam meistens schon besetzt an. Dann gab's ein Gedrängele und Geschubse beim Einsteigen. Manchmal kamen nicht alle mit, und dann wurden Sonderzüge eingesetzt. Wenn die Ausflügler abends wieder zurückkamen, waren die Züge so voll, daß die Menschen wie die Heringe in der Tonne zusammengepfercht standen und saßen und halb zum Fenster raushingen – weil es so heiß war. Alle waren aber sehr vergnügt und munter und sangen. Wenn sie meinen Vater mit dem Weißbierglas auf dem Balkon stehen sahen, riefen sie: »Du hast es schön!«

Wenn wir von Pankow Nordbahn nach Tegel fahren wollten, kostete das 15 Pfennige, vom Bahnhof Schönholz – zwei Minuten von uns entfernt, wir konnten den Bahnhof von unserm Balkon sehen – kostete es nur 10 Pfennige. Wir fuhren deshalb immer von Schönholz nach Tegel und kamen auch so wieder zurück. Ich weinte dann immer, weil ich sooo müde war und noch laufen sollte und das alles der fünf Pfennige wegen. Es waren 15 Pfennige Ersparnis für uns drei!! Ja, das waren noch Zeiten!!!

Wenn die Dampflok bei uns am Bahnhof gehalten hatte, kam sie manchmal auf den toten Punkt. Dann mußte sie wieder zurück. Na, das war vielleicht ein Krach und Gequietsche, und die Puff-Puffbahn fauchte und rauchte und stank!

Übergang zur Vorortbahn in Richtung
Lichterfelde-Süd, Gesundbrunnen, Heiligensee

Bahnhof Papestraße
Ringbahn und Vorortbahn

Am Eingang zum ▷
Anhalter Tunnelbahnhof

Anhalter Bahnhof
Nord-Süd-Bahn (Tunnelbahn)

◁ Am Eingang zum
Anhalter Tunnelbahnhof

Zeigen Sie mal Ihren Ausweis

Ich will noch etwas aus der Nazi-Zeit erzählen. Ich hatte einen Onkel, der war SPD-Mitglied und bei der Deutschen Reichsbahn beschäftigt. Er hat nach 33 noch irgendwelche Flugblätter verteilt, dabei hat man ihn gekriegt. Am Alexanderplatz, damals die Hochburg der Polizei, hat man ihm die Finger gebrochen, einen nach dem anderen, weil er unbedingt sagen sollte: »Wer hat die Zettel gedruckt? Wo ist die Druckerei? Wer ist daran beteiligt?« Mein Onkel hat nichts gesagt. Daß nur vorab, damit das, was jetzt folgt, verstanden wird. Eines Abends, es war schon sehr spät, wir hatten Geburtstag gefeiert, in Tempelhof, bei Verwandten, da fuhr der Onkel eine Strecke mit der S-Bahn mit uns mit. Er war ein bißchen angetrunken. Auf einmal stieg ein SA-Mann ein. Der war wohl auch angetrunken, er sagte laut »Heil Hitler« – was man sonst nicht tat, wenn man in die S-Bahn einstieg. Wir reagierten gar nicht darauf. Da machte der so richtig drei große Sprünge auf uns zu, wir saßen da so uff'ner Bank, so uff'ner längeren Bank vom Gepäckabteil, und brüllte ganz laut: »Wollt Ihr Schweine nicht grüßen?!« Da haben wir wieder nicht reagiert. Da faßt der meinen Onkel an und sagt: »Weißt Du nicht, wie der deutsche Gruß heißt?« »Nein«, sagt mein Onkel, »das weiß ich nicht.« Da holte der SA-Mann aus und wollte ihm eine runterhauen, wir hatten gerade den S-Bahnhof Feuerbachstraße erreicht. Mein Onkel sprang mit einem Satz auf, riß die Tür auf, nahm den schwarzen, die haben so einen schwarzen Schlips gehabt, da hat er den angefaßt und hat ihn durch die offene Tür rausgeschmissen. »So, nun kühl Dich mal aus«, hat mein Onkel gesagt und hat die Tür wieder zugemacht. Wir haben uns wieder hingesetzt, der S-Bahn-Zug fuhr wieder los. In Steglitz kamen plötzlich zwei Zivilisten rein, Gestapo. Der eine kam direkt – ohne sich vorzustellen – auf meinen Onkel zu und sagte: »Zeigen Sie mal ihren Ausweis!« Daraufhin sagte mein Onkel: »Wer sind Sie denn?« Da nahm der ihn hoch und brüllte: »Gib nicht noch freche Antworten, Du

Schwein!« Mein Onkel sagte gar nichts, meine Mutter, die zitterte am ganzen Körper und sagte: »Zeig ihm doch den Ausweis, und mach doch keinen Quatsch.« Nun hat mein Onkel das auch gemacht, dann hat der andere sich ausgewiesen, der andere Beamte, der mitging, der zeigte so flüchtig den Ausweis und sagte dann: »Euch Früchtchen werden wir den deutschen Gruß noch beibringen, auf eine ganz andere Art und Weise, von der könnt ihr nur noch träumen. Den nehmen wir gleich mit«, sagte er, wir waren inzwischen auf dem Bahnhof Botanischer Garten angekommen. Da schaltete sich mein Vater ein und sagte: »Das ist doch Unsinn, Sie sehen doch, daß der Mann betrunken ist.« Meine Mutter stupste meinen Onkel ununterbrochen an, der hielt auch den Mund, und dann haben wir es tatsächlich geschafft, das heißt nicht ich, sondern meine Eltern, die Gestapo zu überzeugen, daß sie ihn haben laufen lassen. 1940 war das. Wenn die ihn noch einmal mitgenommen hätten, dann wäre er wohl nicht mehr lebendig wiedergekommen.«

Wir hatten alle Stammplätze

Wir waren einige Zeit eine Clique, die sich jeden Morgen traf, einige junge Leute kamen aus Velten, andere aus Hennigsdorf, aus Heiligensee, aus Schulzendorf, in Tegel wurden wir dann komplett und waren eine lustige Gesellschaft. Wir hatten alle Stammplätze, im letzten Raucherabteil von hinten. Als einer von uns mal auf Urlaub war, schrieb er eine Karte mit folgender Anschrift: »An die Mitreisenden des S-Bahn-Zuges, der um 7 Uhr 26 den S-Bahnhof Tegel verläßt, letztes Raucherabteil von hinten. Berlin-Tegel, Bahnhofstraße.«
Diese Karte ist tatsächlich angekommen und der AB, also der Aufsichtsbeamte, in Tegel hat sie also auch ordnungsgemäß im letzten Raucherabteil von hinten abgeliefert.

Bahnhof Zehlendorf   Bahnhof Lichterfelde-West ▷

Bahnhof Eichbornstraße

Dann machten wir unsere sogenannte Knutschtour um den ganzen Ring

Die S-Bahn war einfach das Verkehrsmittel. Die Straßenbahn war für mich nicht so wichtig, die S-Bahn war immer unser Verkehrsmittel. Sonntags fuhren wir in den Grunewald mit den Eltern, das war unser Sonntagsausflug, wir waren zwei Kinder. Also konnten meine Eltern praktisch für 60 Pfennig ihren Sonntagsausflug machen, Kaffee wurde dann mitgenommen, in irgendeinem Grunewaldlokal Kaffee gekocht. Und dann so in den 30er Jahren, dann machten wir jeden Sonntag unsere Badefahrten nach'm Strandbad Wannsee. Da bin ich mit Freundinnen oder Freunden nach Nikolassee rausgefahren, von dort aus liefen wir dann zum Strandbad, und als wir abends nach Hause kamen, da waren die Züge am Bahnhof Nikolassee so überfüllt, daß man dann manchmal in einen Zug nicht reinkonnte und warten mußte, bis der nächste kam, und auch der war dann wieder hoffnungslos überfüllt, und dann stand man wie eine Ölsardine in der Menge, und man kam sich vor wie im Schwitzkasten, und die ganze Erfrischung vom Baden war dann wieder hin, so voll war'n die Züge. Wenn man dann heute denkt, die letzten S-Bahnen, die jetzt fahren, da sind manchmal in einem Abteil zwei oder drei Leute, also das ist überhaupt kein Vergleich mit damals. Na ja, dann kam 1939, da war ich dann schon ein bißchen älter, hatte 'nen kleinen Freund, bloß kein Geld, und dann machten wir unsere sogenannte Knutschtour um den ganzen Ring. Das heißt, wir setzten uns in die S-Bahn, da konnten wir klönen, konnten auch 'n bißchen knutschen, und die Fahrt dauerte denn anderthalb Stunden, und denn kamen wir am Ausgangsbahnhof wieder an.

Bahnhof Schönholz ▷

Bahnhof Grunewald

Bahnhof Eichbornstraße

Bahnhof Wernerwerk   Bahnhof Witzleben

Bahnhof Olympia-Stadion

Vor den Erfolg
hatten die Götter der SBZ
die Kontrollorgane gestellt

Die Nachkriegszeit ist ein Kapitel für sich, da kamen dann die sogenannten Hamsterfahrten, die eigentlich gar keine Hamsterfahrten waren, sondern Lebensnotwendigkeiten! Werder war ein ganz beliebtes Ziel der Berliner, zur Obsternte, Vitamine waren immer gefragt. Ich bin mit einem ehemaligen Klassenkameraden mit der S-Bahn bis nach Potsdam gefahren, umgestiegen, bis Werder, ausgestiegen, da sind wir den ganzen Tag rumgelaufen. Haben unsere Sachen besorgt und brachten jeder einen Zentner Obst und Gemüse mit nach Hause. Das ist wörtlich zu nehmen, wir haben nicht nur Äpfel und Birnen und Pflaumen genommen, wir haben auch, kann man ruhig sagen, Salat geklaut, selber Stachelbeeren und Brombeeren gepflückt, das wär ein Thema für sich. So, und dann galt es ja nun, die Beute nach Hause zu bringen. Vor den Erfolg hatten die Götter der SBZ die Kontrollorgane gestellt. Leute, die einem alles wegnahmen, was man bei sich trug, was einem nicht persönlich gehörte. Meine erste Hürde habe ich in diesem Falle am Bahnhof Seddin so überwunden, daß wir einem Eisenbahner, der in Seddin wohnte, Camel-Zigaretten gaben. Der hängte uns einen Mantel um, es war abends schon, in der Dämmerung, es war Herbst, und dann gab er uns eine Lampe in die Hand, und dann schleppten wir einen genau einen Zentner wiegenden, schweren Rucksack und eine Laterne zur Beleuchtung der Signale und der Weichen über die Gleise bis zum Fernbahnhof Werder. Da stand der Zug, und da hat der uns von hinten in den Zug einsteigen lassen, also nicht über den Perron, sondern über die Gleise. Als wir dann in dem Zug drin waren, da haben wir ihm denn den Mantel zurückgeworfen und haben »Schönen Dank« gesagt. Damit war die erste Hürde genommen. Dann zuckelte der Zug so in einer Stunde, zwei Stunden Fahrt bis Potsdam, und da kam dann die nächste Hürde. Das war die schlimmste, denn da gab es kein Entweichen. Man stieg aus dem Zug aus, ging aus dem Bahnsteig raus, es gab keine andere Möglichkeit. Auf der anderen Seite standen Posten, und wer dort ausstieg, durch die Sperre durchging und nach Potsdam rein wollte, den ließ man passieren, denn der war ja Bewohner der Sowjetischen Besatzungszone. Diejenigen, die nun auf den S-Bahnhof wollten, die wurden, wie wir heute sagen, gefilzt. Ich habe damals in Eberswalde studiert, ich hatte einen Sonderausweis. Weiter nichts als eine Bescheinigung, daß ich als Student an der Forstakademie Eberswalde eingeschrieben war, weiter nichts. Aber es war der Hoheitsstempel der SBZ drin, in der Dämmerung, bei dem schlechten Licht und bei dem Gedränge und bei dem Krach und bei dem Gedrücke, da habe ich also das Ding gezogen, habe gesagt, das ist Eigengut, das ist eigene Ernte, wie ich als Student 'ne eigene Ernte haben konnte und nach Potsdam fuhr, das war mir damals rätselhaft, das war mir völlig wurscht, der fragte gar nicht nach, der sagte, das kann passieren, o.k., kann passieren, der sagte wirklich o.k., ist keine Redewendung von mir, kann passieren, und dann war ich durch die Sperre durch und mein Freund, der damals mit war, der sagte, er gehört dazu, und so haben wir also unser Obst und Gemüse durchgebracht.

Bahnhof Lichterfelde-Ost

Bahnhof Papestraße

Bahnhof Papestraße

Da wurde
unsere jugendliche Begeisterung
sehr ausgenutzt

Wir haben fürs Winterhilfswerk gesammelt. Wir haben also unsere HJ-Uniform angezogen, ich selbst habe Akkordeon gespielt und bin mit einem Mädchen, das eine große Lampe in der Hand hatte, mit blauen Kerzen vom Verband der Auslandsdeutschen, mit der bin ich da von S-Bahn zu S-Bahn gezogen, immer den ganzen Ring rum. Da wurde unsere jugendliche Begeisterung sehr ausgenutzt. Wir haben praktisch mitgeholfen, den Krieg zu finanzieren, was wir natürlich damals nicht wußten. Wir machten aus Begeisterung mit, weil es uns Spaß gemacht hat. Als Rundfunkspielschar-Angehöriger konnte ich sehr gut Akkordeon spielen, wir hatten die WHW-Büchsen immer im Nu voll, da hieß es bald: »Ihr seid so eine gute Truppe, ihr geht mit drei anderen und mit einem besonderen Mann,« und dabei schmunzelten sie, »mit dem geht ihr zum Potsdamer Platz!« Am Potsdamer Platz, an der S-Bahn, zwischen dem S-Bahneingang und Wertheim, sind wir dann hin und her gelaufen und haben gesammelt. Der besondere Mann war der Reichsjugendführer Baldur von Schirach.

Bahnhof Papestraße ▷

◁ Bahnhof Friedenau

Bahnhof Wittenau – Nordbahn

Bahnhof Grunewald

Bahnhof Wedding

Bahnhof Witzleben ▷

Bahnhof Botanischer Garten ▷▷

Durchläufer
hielten nur an bestimmten
S-Bahnhöfen

Jetzt kam das Jahr 1956, da kam meine Schwiegermutter das erste Mal zu Besuch, aus Thüringen. Wir holten sie vom Ostbahnhof ab, nahmen unseren 4jährigen Sohn mit, dann ging es bis Westkreuz, dort wollten wir eigentlich umsteigen. Der Zug war aber ein Durchläufer. Durchläufer hielten nur an bestimmten S-Bahnhöfen, beispielsweise weiß ich, daß der Zug von Charlottenburg gleich bis Staaken durchfuhr, an den dazwischenliegenden Westbahnhöfen hielt er nicht mehr. Das waren Arbeiterzüge, Züge für DDR-Bewohner, die aus den Außenbezirken schneller an ihre Arbeitsstellen in der Innenstadt gelangen sollten. Diese Durchläufer wurden auf dem letzten westlichen Bahnhof ausgerufen, damit die Westberliner nicht versehentlich in die damals schon gesperrte DDR fuhren. Genau das passierte uns dann aber im Eifer der Wiedersehensfreude und beim Erzählen mit der Schwiegermutter. In Staaken wurden die Züge kontrolliert, und versehentlich eingereiste Westler wurden mit Geldstrafe belegt und mit der nächsten S-Bahn wieder zurückgeschickt. Uns schnappte man natürlich auch. Nun hatten wir aber außer unserer Fahrkarte kein Geld mehr bei uns, da drohte man uns mit Arrest. Ich dachte mit Schrecken an eine eventuelle Kofferkontrolle, an all die nahrhaften Dinge, die die Schwiegermutter vom Lande mitgebracht hatte. Unser Jüngster hörte nur etwas von Einsperren und fing fürchterlich an zu brüllen. Ich weiß noch, daß er schrie: »Ich will nach Hause zu meinem Bruder, ich will nach Hause zu meiner Schwester.« Dieses Kindergeschrei gab dann den Ausschlag: Man ließ uns ohne Strafe, aber mit Verwarnung, daß wir nämlich in Zukunft nicht mehr illegal einreisen sollten, nach Jungfernheide zurückfahren.

Bahnhof Westkreuz

Bahnhof Wittenau ▷

Bahnhof Südende

Bahnhof Friedenau

Bahnhof Witzleben

Bahnmeisterei Grunewald

Bahnhof Nikolassee
Stadbahn und Wannseebahn

Bahnhof Lichterfelde-Ost

So, junge Frau, nun können Sie hier schön schlafen

Eines Tages fuhr mein Mann nach Thüringen, um ein bißchen Hamsterware von seinen Eltern zu holen. Als er wieder zurückkommen sollte, wollte ich ihn abholen und bin dann zum Bahnhof Ostkreuz gefahren. Dort hörte ich, daß der Zug anderthalb oder zwei Stunden Verspätung hat. Ich hab' gewartet und gewartet, und dann hieß es, der Zug hat nochmal Verspätung. Jedenfalls hab ich dann gedacht: Es wird zu spät. Es ging dann langsam auf Mitternacht zu, da beschloß ich: Ich fahr jetzt wieder nach Hause. Und da hab ich mich in die S-Bahn gesetzt und bin bis Westkreuz gekommen, und dann hieß es, der Zug endet hier, und aus war's. Da ich aber nach Jungfernheide wollte, traute ich mich nicht, bei den unsicheren Zeiten zu Fuß zu gehen, außerdem war ich hochschwanger und hatte einen neuen Mantel an, was auch so eine gefährliche Sache war. Damals war man auf den Straßen nicht sicher, man mußte immer gewärtig sein, daß einem alles abgenommen wurde. Da bin ich zum Stationsvorsteher gegangen und habe dem mein Leid geklagt: »Was soll ich denn nur machen?,« habe ich gesagt. »Ich hab heute Nachtdienst,« sagte er, »Sie können hier bei mir auf dem Bahnhof bleiben.« Dann bin ich in das kleine Wärterhäuschen gegangen, da war eine große Holzbank, kann mich noch erinnern, daß er dann die Holzbank runterklappte und seinen Mantel unterlegte und sagte: »So, junge Frau, nun können Sie hier schön schlafen.« Dann hab ich mich mit meinem Mantel zugedeckt und habe denn da herrlich geschlafen, und der nette Bahnbeamte setzte sich dann in einen Stuhl und schlief, und frühmorgens, als dann die erste S-Bahn fuhr, das war vielleicht um fünf oder so, dann bin ich dann nach Hause gefahren. Inzwischen war mein Mann dann auch ran mit seinem Koffer voll Hamsterware.

Bahnhof Westkreuz
Stadtbahn und Ringbahn

Bahnhof Wittenau ▷

Bahnhof Grunewald ▷▷

Nein, all das erfahren Sie eben wirklich, Sie ersitzen es sich, Sie erfahren es sich im wahrsten Sinne des Wortes

Schauen Sie, wenn Sie heute mit der S-Bahn fahren, dann haben Sie das sinnlich-konkrete Erlebnis von Geschichte. Sie steigen in Wagen, die irgendwann in den 20er Jahren gebaut worden sind. Sie fahren über ein Gleisbett, das ist angelegt worden 1910, 1905, 1900 oder 1895, wer weiß. Sie gehen durch Bahnhöfe, die auch in der Zeit gebaut worden sind: zwischen 1880 und 1920. Sie kommen in direkten physischen Kontakt zu Dingen, die Geschichte nicht nur repräsentieren, sondern Ausdruck von Geschichte sind. Die selber Geschichte sind, die eine Geschichte haben. Und wenn Sie dort dann sitzen, und der Zug fährt an mit diesem charakteristischen S-Bahn-Geräusch, und es rumpelt und es bumpelt, und Sie fahren und gukken raus, und Sie sehen ein Stück Mauer beispielsweise – und auf der anderen Seite dieses Talmi-Berlin, diese Veranstaltung Reichshauptstadt als GmbH & Co. KG. –, wenn Sie dann also ein bißchen sensibel sind, dann stellen Sie sich die Frage: Verdammt noch mal, wo bin ich denn hier eigentlich, sitze ich hier vielleicht auf so'ner Art Zeitmaschine? Halb im 19., halb im 20. Jahrhundert? Wenn Sie dann anfangen nachzudenken: Warum kann ich denn hier, bitte schön, nicht einfach rausgucken? Weil da die Mauer ist? Ja, warum ist denn da die Mauer? Ja, weil sie 1961 gebaut wurde. Warum hat man sie denn gebaut? Na ja, dann kommen Sie irgendwann dahin, daß Adolf Hitler den Krieg angefangen hat, daß man 1933 Hitler gewählt hat, daß man 1918 einigen Leuten nicht kräftig genug in den Hintern getreten hat. Daß man 1914 schon mal einen Krieg angefangen hat und daß es 'nen Kaiser gab, der'n bißchen verrückt war, um's gelinde auszudrücken.

Das heißt: Das ganze Elend der deutschen Geschichte, praktisch seit der Reichsgründung, den ganzen Jammer dieses Bismarckstaates von 1871, den erfahren Sie. Und zwar nicht abstrakt aus irgendwelchen Büchern oder mehr oder weniger passiv als Zuschauer im Kino oder vor der Glotze, oder was weiß ich. Nein, all das erfahren Sie eben wirklich, Sie ersitzen es sich, Sie erfahren es sich im wahrsten Sinne des Wortes. Nun ist es ja eine schlichte Feststellung, daß wir uns seit 1945 eigentlich um so bestimmte Ereignisse unserer Geschichte mit Erfolg herumgedrückt haben. Wir haben also 1961 gesagt: Wir müssen die S-Bahn boykottieren. Völlig blöde Geschichte, psychologisch verständlich vielleicht, aber das war natürlich völliger Blödsinn. Wir haben das getan, weil wir bestimmte Ereignisse oder unseren Anteil an bestimmten Ereignissen, die dann zum Mauerbau führten und die, wenn man so will, vielleicht mit einer gewissen Konsequenz auch dahin führen mußten, nicht zur Kenntnis nehmen wollten. Wenn wir heute S-Bahn fahren, sind wir ständig in Gefahr, an diese Dinge erinnert zu werden. Daran erinnert zu werden, daß wir vielleicht unsere eigenen Positionen in Frage stellen müßten, nicht wahr? Ich nehme auch an, daß das der Grund war, weshalb die diversen Regierenden Bürgermeister seit 1961 nie wirklich ernsthaft den Versuch gemacht haben, mit dieser S-Bahn mal wieder ins Klare zu kommen. Abgesehen davon, daß da natürlich auch manifeste Interessen ins Spiel kommen. Ich glaube, einer der Gründe, der den Interessenverbänden das Spiel so ungeheuerlich erleichtert hat, war diese schwer faßbare, kaum zu artikulierende Angst vor der S-Bahn. Und wenn der Vogel jetzt sagt, wir müssen die S-Bahn integrieren, dann hat er recht, und offenbar stößt das auch wohl auf Zustimmung, nur es wird dann eben nicht mehr die S-Bahn sein, sondern es wird ein neues modernes Verkehrsmittel sein, so wie sie in München und in Hamburg auch rollt, nicht wahr? Vielleicht ist das dann auch schon Grund genug, sich distanziert zu fühlen von der alten S-Bahn.

Bahnhof Gartenfeld

Lehrter Stadtbahnhof

Bahnhof Grunewald

Man kann sich das im Nachhinein überhaupt nicht mehr vorstellen, in welcher Lebensgefahr man geschwebt hat

Ich war im Kriege in der Dorotheenstraße in der Industrie- und Handelskammer beschäftigt. Nach Dienstschluß bin ich dann nach Wannsee rausgefahren, dorthin war das Berliner Abendgymnasium rausverlagert. Potsdamer Platz mußte ich umsteigen, während der Fahrt habe ich gelernt, so gut gelernt, daß ich sogar eine Förderklasse besuchen konnte. Auf der langen Strecke zwischen Grunewald und Nikolassee habe ich dann geschlafen, tief geschlafen, um den Abendunterricht durchstehen zu können. Heimwärts haben wir dann trotz der bösen Zeit, wir hatten viele Amputierte und Versehrte dabei, heimwärts haben wir dann immer viel Spaß gehabt. Wir saßen natürlich alle zusammen, und es war ja Verdunklung, da passierte auch die Sache mit dem Kommißbrot, wir waren wirklich verhungert. Es gab dann ja zum Schluß nicht mal mehr Brotkarten. Und ich weiß noch, als wir dann Anhalter Bahnhof auf die nächste Station kamen, wo es Licht gab, da war das Kommißbrot, das uns Klassenkameraden von ihrer Ration mitgebracht hatten, plötzlich von beiden Seiten angebissen. Und keiner wußte, wer es gewesen war. Am 22. November 43, da habe ich den Unterricht nur ganz kurz besucht, da bin ich vorzeitig fort, weil mein Onkel Fronturlaub hatte und weil die Familie seinen ersten Hochzeitstag gemeinsam feiern wollte. Im Bahnhof Grunewald, kurz vorm Bahnhof Grunewald gingen dann die Sirenen, es war 8 Uhr abends, es war eine fürchterliche Situation, man kann sich das im Nachhinein überhaupt nicht mehr vorstellen, in welcher Lebensgefahr man geschwebt hat. Wir standen in einem Tunnel, der die Bahnsteige des Bahnhofs Grunewald unterirdisch miteinander verband; dort haben wir den Alarm abwarten wollen. Der Tunnel war überhaupt nur zur Hälfte benutzbar, der Rest war die ganze Länge durch mit Koks zugeschüttet, von beiden Seiten sausten immer bloß so die Brandbomben rein, wenn jemand die Tür öffnete. Es hat dann mindestens so zwei Stunden gedauert, also mal gab es Entwarnung, mal gab es neuen Fliegeralarm, kein Mensch wußte mehr, was eigentlich los ist. Daraufhin haben wir uns in Bewegung gesetzt, eine Gruppe von etwa 30 Menschen, wir wollten nach Hause. Mit Stöckelschuhen und einer Tasche voller schwerer Bücher bin ich dann von Grunewald bis Prenzlauer Berg gelaufen. Unterwegs bröckelte es immer mehr ab, in Halensee wurden wir angehalten, dann hieß es: »Mensch, es ist Alarm!« Wir sagten: »Nee, es ist Entwarnung!« Keiner wußte Bescheid. Da sind wir dann über Halensee den ganzen Kurfürstendamm runtergelaufen. Jede Nebenstraße war ein Flammenmeer. Daß in der Nacht, als wir quer durch den Tiergarten gelaufen sind, die Raubtiere im Zoo alle frei waren und da irgendwo umhergeisterten, das haben wir erst hinterher erfahren. Die Bäume im Tiergarten standen in Flammen. Zum Schluß waren wir nur noch zu Dritt, zwei Soldaten und ich. Der eine wohnte im sogenannten Scheunenviertel da oben, Linienstraße, der zitterte ganz furchtbar, weil er zu Hause die Frau hatte, die kurz vor der Entbindung stand. Der andere Soldat wohnte »Auf dem Prenzlauer Berg«, das ist eine Straße, die nennt sich so wie der Stadtbezirk, der brachte mich dann bis nach Hause. Wir haben uns verabredet, ich habe ihn nie wiedergesehen, vielleicht hat's ihn doch noch irgendwie erwischt. Ich kam nach Hause, es war inzwischen morgens halb 4, meine Angehörigen waren nicht da. Unsere Hausbewohner sagten: »Na, wo kommen Sie denn bloß her, es ist doch Alarm?!« Es war alles durcheinander, auf dem Bahnhof Friedrichstraße lag der Schutt noch tagelang bis unten runter. Obgleich man sagen muß: Wenn nach den Alarmen irgendwie Verkehrsmittel ausfielen, dann war es eigentlich die S-Bahn am seltensten. Die verkehrte dann eigentlich noch mit der größten Wahrscheinlichkeit.

Bahnhof Eichkamp

Bahnhof Zehlendorf

Bahnhof Savignyplatz

Bahnhof Witzleben

Bahnhof Westkreuz

Bahnhof Nikolassee
Stadtbahn und Wannseebahn

Bahnhof Südende

Bahnhof Wollankstraße

In der S-Bahn ist was los

Mit der S-Bahn fahren heut' / in- und ausländische Leut'. / Alle Züge sind sehr voll, / ach, das ist ja wirklich toll. / Du sitzt dem andern auf dem Schoß, / ja, in der S-Bahn ist was los. / In der S-Bahn, in der S-Bahn, in der S-Bahn ist was los.

Auf dem Bahnhof Schöneberg / steht'n Frollein mit'm Hundezwerg. / Ins Dienstabteil kommt sie nich' rein, / da fängt sie mächtig an zu schrein: / Seh'n Se nich, Sie junger Spund, / det is een alliierter Hund. / Der Schaffner sagt dann bloß, / der Schaffner sagt dann bloß: / Ja, bei der S-Bahn, / da ist was los.

Der Zug, der fährt von hier nach dort, / der hält an jedem kleinen Ort. / Die Leute steigen ein und aus – / und manchmal fällt auch eener raus. / Isse jung und kommt zu Fall, / dann jibt es einen jroßen Knall. / Der Schaffner ruft dann barsch, / der Schaffner ruft dann barsch: / Frollein, jetzt liegen Se auf'm Eis!

Mein Lied ist aus, nun ist genug / von der S-Bahn und dem Zug, / und wenn se manchmal jetzt nicht fährt, / im nächsten Jahr ist das verjährt. / Wir aber denken, welch ein Glück, / an diese Zeit nicht mehr zurück. / Man hört jetzt oft im Zug, / man hört jetzt oft im Zug: / Der halbe Fahrpreis wär' genug.

Also, das mit dem alliierten Hund, das muß ich vielleicht nochmal erklären. Das war folgendermaßen: Zu der damaligen Zeit, da hat ja von den amerikanischen Besatzungstruppen jeder sein Mädchen gehabt, im allgemeinen hießen sie Frolleins. Und wenn die Amerikaner ankamen mit ihren Frolleins, dann sind se immer bei uns ins Dienstabteil jestiegen. Det is tatsächlich passiert: Da kam so'n Frollein mit'm Vierbeiner an, uff'n Bahnhof Schöneberg, der Schaffner sagt, sie soll nebenan gehen, da sacht se janz pampig: »Det is'n alliierter Hund!« Det hat ihr aber nischt genützt...

Bahnhof Schöneberg
Ringbahn und Wannseebahn

Bahnhof Bellevue

Bahnhof Reinickendorf

Da haben wir unterm Zug gelegen

Früher, als die ersten Bombenangriffe kamen, da standen die Züge in den Bahnhöfen. Da hat man festgestellt, wenn sie den Bahnhof beworfen haben, dann ist ja der Zug mit kaputtgegangen. Da hat man dann die Verfügung herausgegeben, daß die Züge außerhalb der Bahnhöfe gezogen werden mußten. Vorher wurden denn noch alle Türen aufgemacht, ursprünglich sollten noch die Fenster aufgemacht werden, aber det war unmöglich, weil die Zeit zu kurz war. Denn war schon Alarm, denn haben wir die Züge herausgezogen und sind denn zurückgerannt, sind meistenteils nur bis zum Bahnsteig gekommen, und denn konnten wir in den kleenen Bunker rein. Aber et is ooch vorgekommen, zum Beispiel waren wir mal im Bahnhof Beusselstraße, da standen im Anschlußgleis die Spezialwagen, die großen SS-Wagen, da waren die 10 cm-Zwillings-Flakgeschütze drauf, da sind wir nicht mehr weiter gekommen. Als wir losrannten zum Bahnsteig, da fingen die schon an zu schießen. Da kommen ja die Splitter runter, wir konnten nicht mehr zum Bahnsteig, wir mußten untern Zug, da haben wir unterm Zug gelegen.

Bahnhof Yorckstraße ▷

Das war ein großes Erlebnis für uns

Besonders interessant war für uns jüngere Leute noch die Erlaubnis, mal vorne mitfahren zu dürfen und auch mal den Totmannknopf zu drücken. Das ist ja der berühmte Knopf bei der S-Bahn-Fahrt, wenn der Fahrer den losläßt infolge einer Ohnmacht oder anderer Umstände, dann bleibt der Zug automatisch stehen. Zwischen Tegel und Schulzendorf war das durchaus mal möglich, hier eben mal kurze Zeit Triebwagenführer zu spielen. Das war ein großes Erlebnis für uns. Wir hatten echte Freundschaften mit den ganzen Herren, die dort fuhren, eben weil wir Stammgäste waren.

Na, ick bin Ihr Präsident!

Eines Tages kam der Herr Kramer, das war unser Reichsbahnpräsident hier von Berlin, der kam in meinen Dienstraum rein, ich kannte den Mann nicht. »Ja, was wollen Sie denn hier?«, sagte ich. »Kennen Sie mich nicht?« »Nee!«, saje ick, »wenn jemand hier rinkommt, denn muß er sich schon vorstellen!« »Na, ick bin ihr Präsident!« »Ah!«, saje ick, »denn müssen Se schon 'n Ausweis zeigen, wenn Se Präsident sind!« Na, da hat er mir seinen Ausweis jezeicht und jesacht: »Ich erkenne das hoch an, daß Sie so korrekt Ihren Dienst versehen.« »Na ja«, saje ick, »ick kann doch hier nich jeden rinlassen.« Da zog er seine Zigarettenschachtel, Haus Bergmann-Privat, Vorkriegszigaretten, ich staunte. »Rauchen Sie?« »Ach Jott«, saje ick, »wer roocht denn heute nich?« Na, da isser denn wieder jejangen.

Achtung!
Zählerventil Baujat · 1938 ohne
...vorrichtung. Schlü sel während
...Vorbeifahrt am Signal festhalten.

Details im Führerstand

Triebwagen verschiedener
Baureihen

Das werde ich nie in meinem Leben vergessen

1945/46, in der Zeit war ich als Forstlehrling in der Mark Brandenburg. Weihnachtsbäume gab es damals nicht, die wurden alle aus dem Fischtalgrund geklaut oder im Grunewald oder im Tegeler Forst, wie es gerade ging, da wurden einfach die Spitzen abgeschnitten. Als Forstmann hatte ich natürlich einen Weihnachtsbaum. Mit einem Holz-LKW wurde ich bis nach Köpenick gebracht, da fuhr denn die S-Bahn los.

Von Köpenick bis Zehlendorf hätte ich meinen Weihnachtsbaum bestimmt 500mal verkaufen können, ich wurde immer mit großem Ah! und Oh! bedacht. Irgendwo auf dieser Strecke von Köpenick nach Berlin hatte eine Frau Kerzen, das war auch ein Riesenwunder. Da hatte die sogar Kerzenhalter, da haben wir drei Kerzen an den Weihnachtsbaum gemacht. Mit der Schnur haben wir ihn an die Haltegriffe der Tür gebunden. Auf jedem Bahnhof wurde ein Fenster aufgerissen, da wurde gerufen: »An dieser Tür nicht einsteigen!« Da brannte der Weihnachtsbaum mit den drei Kerzen im S-Bahn-Zug am 23. Dezember 1946, das werde ich nie in meinem Leben vergessen. Die Kerzen brannten den ganzen Ring, bis ich dann umsteigen mußte. Da sangen die Reisenden sogar »Stille Nacht, Heilige Nacht«. Es war unwahrscheinlich, in dem dunklen S-Bahn-Zug brannten nur drei Kerzen, an dem Weihnachtsbaum, das war ein Erlebnis, was ich nie vergessen werde.

Türgriff ▷

Wie se det rinnschieben,
det eene Fahrrad,
seh ick, haben se beede
'nen gelben Judenstern

Eines Tages war'n wir auf'm Bahnhof Spandau-West, wir stehen und wollen in Richtung Berlin fahren, also Richtung Grünau. Kommen zwee junge Mädchens an, janz ängstlich mit'm Fahrrad. Damals mußten die Fahrräder vorne abgegeben werden, im Dienstabteil. Wie se det rinschieben, det eene Fahrrad, seh ick, haben se beede 'nen gelben Judenstern, die mußten doch schon von de Straße sinn, det war ja nach halb Elwe. Die eene hatte 'nen Platten jehabt, der Reifen war geplatzt, da haben se schon Angst gehabt, wenn uns eener sieht. Denn hatt' ick ja 'nen Führer, ick war immer noch Schaffner, den Otto Huhm oder wie der hieß, egal, der war auch nicht so. Ick sach: »Otto, ick bring dir jetzt Besuch!« Da hatten wir die Bauart 167er damals, also die 1940 jebaut sind, die Züje, die so Stromlinienform haben. Da war in de Mitte, war so kalt im Winter, da war in de Mitte so'n Kessel, so'n Wärmekessel. Na, da hab ick die eene nach dem Wärmekessel geschoben, und die andere stand bei mir so in der Ecke. Ick sach: »Wenn wa jetzt so in den Bahnhof einfahren, denn ducken Se sich imma, denn sind Se nich zu sehen, nich!« Das haben se ooch gemacht. Hab ick se gefragt, wie se heißen, na, da haben wa noch so jelacht: Die eene sachte denn Schäfer, die andere hieß Wolf. Da hab ick denn jesacht: »Na ja, dann frißt der Wolf det Schaf auf«, so ungefähr hab ick meine Glossen imma jemacht. Denn sind die Mädchens bis Tiergarten mitgefahren, denn sachte ick: »Nun macht denn, daß ihr rauskommt!« Wie die raus sind, sacht der Otto: »Wat waren denn det für kleene Mädchens?« »Du wirst lachen«, saje ick, »det waren zwee kleene Judenmädchen.« »Mensch, wie kannste die denn rinnlassen?« Ich saje: »Die sind ja schon wieder raus, nich?«

Dienstabteil

Bahnhof Yorckstraße

Ringbahn zwischen den Bahnhöfen
Jungfernheide und Beusselstraße

Werder
war wirklich 'n Gedicht

Meene erste Erinnerung anne S-Bahn? Na ja, wir sind als Kinder, ich wohnte ja hier in der Nähe vom Nollendorfplatz, da sind wir Sonntag für Sonntag, oder wenn wir Ferien hatten, sind wir nach Wannsee gefahren. Und zwar von der Groß-görschenstraße mit der Wannseebahn. In der er-sten Zeit waren das ja noch Dampfzüge. Später wurde das ja auch elektrifiziert, und denn waren's die normalen S-Bahnzüge. Dann sind wir denn ge-fahren bis Bahnhof Nikolassee und sind denn ge-laufen zum Strandbad Wannsee, hat'n Groschen Eintritt gekostet, und dann sind wir von früh bis spät dageblieben und haben uns amüsiert und ha-ben da die Gegend unsicher gemacht. Im Sommer, da sind wir in die Baumblüte, da sind wir nach Werder gefahren. Mit der Wannseebahn nach Werder zur Baumblüte und vom Bahnhof Werder durch Werder durch – war ja eigentlich nur ein kurzes Stück, da fuhr noch die Pferdebahn. Na, das war 'ne alte Straßenbahn, und da war'n Pferd-chen vor, und das war nu bloß noch aus Tradition, daß die da die Straßen lang fuhr. In Werder selbst, da waren dann zwei große Lokale: Die Bismarcks-höhe und die Wilhelmshöhe, hoch auf'm Berg ge-legen. Da gab's nun zur Baumblüte, und deswe-gen sind wir da alle hingefahren, da gab's Obst-wein, also Kirschwein, Johannisbeerwein, Sta-chelbeerwein und so weiter. Und wenn denn die Zeit um war, da gab's natürlich allerhand Lei-chen, keine Bierleichen, sondern Alkoholleichen. Und dabei hatten die es so gemacht, in weiser Vor-aussicht: Zu den Dingern, zur Bismarckshöhe und zu der Wilhelmshöhe, gingen Stufen hoch, und an der Seite war ein breiter Streifen ohne Stu-fen, das war denn für die Alkoholleichen, die sind dann meistens runtergekullert. Ja, das war toll. War schön, da oben. Werder war wirklich 'n Ge-dicht.

Ja, und was noch von der S-Bahn? Ach ja, dann sagte ich ja schon, als junge Leute, so mit 16, 17 Jahren, da war man ja meistens knapp mit det Geld, und wir wußten partout gar nicht, was wir machen konnten und wollten und sollten. Da haben wir uns also auf de S-Bahn, auf de Ringbahn gesetzt und sind einmal für 20 Pfennig rings um Berlin gefahren. Die Stationen, die kannten wir alle auswendig, der Reihe nach. Genau wie wir später nachher die U-Bahn-Stationen alle gekannt haben, die konnten wir alle auswendig aufzählen. Und da war nun viel zu sehen, gerade in der S-Bahn, wa. Rechts und links das, wa, das war ja toll. War aber mal wat Schönet.

Ach so, det Strandbad, ja. Ja, und denn in Wannsee, da haben wir dann allerhand Spiele gemacht. Und zwar konnten wir das den ganzen Tag spielen. Lauter Jungens und Mädels, so 16 und 17 und so, als wir kleiner waren, haben wir zugeguckt, später konnten wir selber mitmachen. Da ham' wer alle im Kreis gestanden, und dann ging's immer: »Des Nachts um Zwölwe, in Lichterfelde, da fuhr der allerletzte Omnibus. Da kam der Meister mit seinem Kleister und schenkt dem Mädchen einen Kuß. Von wegen ritsch-ratsch-ritsch-ratsch rulala, von wegen rulala, von wegen rulala.« Und dann hat die ihm denn 'nen Kuß, wo se angekommen ist, hat sie ihm denn 'nen Kuß gegeben, dann hat sie sich hingesetzt, und dann ist der dann rumgewandert. Das haben wir den ganzen Tag gemacht. Wir sind viel mit der S-Bahn gefahren. War ja eigentlich auch die schnellste Verbindung damals. Allerdings mußte man schon in der Nähe der S-Bahn wohnen oder von der Wannseebahn, sonst war et ja undufte.

Vorortbahn zwischen den
Bahnhöfen Papestraße und
Yorckstraße

Nord-Süd-Bahn zwischen den ▷
Bahnhöfen Humboldthain und
Nordbahnhof

Man konnte das Geld so schön umrubeln

Und dann kamen auch später die Hamsterfahrten nach Ostberlin, dort war ja Brot, Kartoffeln, all solche Sachen waren ja billig, man konnte das Geld so schön umrubeln: Man konnte aus einer West-Mark vier Ost-Mark machen. Manche taten's nicht, aus Überzeugung, aber ich hatte dann inzwischen drei kleine Kinder, mir blieb gar nichts anderes übrig. Einmal habe ich einen Kinderwagen im Osten gekauft, den mußte ich auch mit der S-Bahn rüberschmuggeln, weil man sonst gar nicht durch die Grenze damit kam. Ich hab das Baby auf'n Arm genommen, so sind wir rübergefahren: Schönhauser Allee. Kinderwagen gekauft, Baby reingesetzt, mit'm gefüllten Kinderwagen wieder zurück. Da seh'n Se mal, wozu die gute alte S-Bahn alles nützlich war. Es stand ja auch immer groß am Bahnhof Friedrichstraße: »Der kluge West-Berliner kauft in der HO«.

Unser Zoll sah das gar nicht gerne, aber was blieb uns anderes übrig? Damals hat man eben daran gedacht: Wie überlebe ich, und wie kriege ich meine Kinder gut durch'n Winter, das war eben vorrangig, alles andere zählte nicht. Auch wenn es illegal war. Das war 1952, 53 etwa, die Jahre waren das, die Fünfziger Jahre. Ja, da sind wir oft gefahren. Mein Mann hat Kartoffeln geholt, abends, wenn er von der Arbeit kam. Manchmal waren die Kartoffeln abends schon ausverkauft, weil die Schwarzhändler aus West-Berlin von früh bis abends Kartoffeln per S-Bahn verschoben und für den doppelten Preis in West-Berlin verkauft haben.

Informationstafel

In Siemensstadt kriegten wir Fliegeralarm

Sehen Se mal, Siemens haben sie bombardiert vom 22. zum 23. November 43. Da bin ick gerade in Siemensstadt, in Jungfernheide, Gartenfeld, die kurzen Strecken jefahren. In Siemensstadt kriegten wir Fliegeralarm, da haben wir eenen Zug rausgezogen aus dem Bahnhof und sind denn zurückgerannt. Die hatten aber uff'n Bahnsteig noch keenen Bunker. Da sind wir runter, unterhalb der Treppen war der Schaffnerraum. Da war denn die Bahnsteigarbeiterin, die Fahrkartenverkäuferin und der Triebwagenführer, ick war da noch Schaffner. Und denn war da noch so eene kleene Kabuse, da waren da zwee kleene Stufen, und da habe ick druffgesessen. Vor mir uff den Stuhl, da saß die Fahrkartenverkäuferin und neben mir uff die Treppe die Bahnhofsarbeiterin. Immer, wenn bei Siemens so'n Ding runter kam, denn wackelte die ganze Geschichte, und vor Angst ist mir immer die Fahrkartenverkäuferin mang de Beene gekrochen mit'n Kopp, und die Bahnhofsarbeiterin is mir um den Hals gefallen, nich, vor Angst, und ick hab alleene die Hosen bald voll gehabt, nich. Aber als Mann mußte man denn was sagen, na ja, een bißchen Mut machen. Als der Alarm vorbei war, da meldete sich der Kollege vom Stellwerk und sagte, das Triebwagenpersonal muß zu den Abstellgleisen, da brennt een Viertelzug. Erst mußten wir den Zug steuerstromseitlich trennen, da haben wa bloß jegen den Bügel gehauen, det war ja nun een kolossales Flammenmeer, bis der Steuerstromkopp runterfiel. Denn haben wir uns eenen Sack um die Hand gewickelt, denn hat der Zug angeruckt, und denn haben wir an der Wagenkupplung gezogen, denn war der Zug entkuppelt. Det eene Viertel ham wa een Stück zurückgesetzt, und det andere Viertel is ausgebrannt. Für diesen Katastopheneinsatz haben wir damals 15 Mark jekriegt. 'Ne Viertel Million haben wir bald gerettet ...

Informationstafel ▷

Da standen sie denn da, bloß so eene kleene Decke um, in der wahnsinnigen Kälte

Denn gab's noch eine Stelle, wo ein ganz kleines KZ war, det war, wenn Se Bahnhof Schönholz sind, da gehts eenmal geradeaus, nach Wilhelms-ruh, und unten runter nach Reinickendorf, da ist ein spitzer Winkel gewesen, da waren Baracken, ein Frauenlager. Da is et im Winter vorgekommen, daß die Frauen da vor den janzen Baracken stan-den, das waren etliche Barackenstränge, mehrere hintereinander. Da standen die Frauen denn da-vor, alle angetreten, nich, da hatten sie ihre Haare noch, da war'n se noch nich uff'n Kopp rasiert, da standen sie denn da, bloß so eene kleene Decke um, in der wahnsinnigen Kälte. Wenn wir raufge-fahren sind, da brauchten wir eine Stunde bis nach Oranienburg, eine Stunde runter, und wenn wir wieder in Schönholz ankamen, dann standen die Frauen immer noch da.

Wenn se det jesehen hätten, denn hätte Ihnen det Herze jeblutet

Hier war der alte Militärbahnhof, unterhalb vom Bahnhof Putlitzstraße. Da war vorne in der Bö-schung so'ne runde Toreinfahrt, det andere konn-ten se allet absperren. Unten war een Anschluß-gleis, oben fuhr der S-Bahnzug. Wir sind ja immer um den Ring gefahren, da haben se da unten die Leute alle verladen, wenn Se det jesehen hätten, denn hätte Ihnen det Herze jeblutet, glauben Se det. Det war denn, wie die janzen Judenaktionen damals waren. Wat se da ringestoppt haben in die Waggons, konnte ja keener seitlich weg, war ja bloß der kleene Einjang, der Bojen da. Det war der Militärbahnhof, und da haben se die Leute alle verladen Ende 42, Anfang 43, als diese ganze Ju-denaktion war.

Bahnhofsschild

Informationsschilder

Informationsschilder und Graffiti

Einen Volkswagen hatte damals jede Familie

In den Jahren zwischen 1945 und 1950 machten wir dann viele Holzfahrten. Mit Sack und Volkswagen bewaffnet. Und zwar in den Grunewald. Einen Volkswagen hatte damals jede Familie, der bestand aus einem Brett mit Eisenrädern und einer Deichsel dran. Dieses nützliche Gerät konnte bis zu 2 Zentnern tragen, und man konnte damit Kartoffeln holen, Kohlen transportieren und auch wunderschön Holz aus dem Grunewald holen.

Das war natürlich verboten, man durfte sich vom Förster nicht erwischen lassen, aber das taten ja alle. Und wie gesagt, es war kalt, und man hatte nichts zu brennen, und dann gings los, mit der Säge bewaffnet, dann hat man sich kleine Bäumchen rausgesucht, eigentlich durfte man nur so lose herumliegende Reisige aufsammeln, das war noch erlaubt, aber wir haben dann kleine Bäumchen rausgesucht, haben die kleinen Bäumchen zersägt in ofenfertige Stücke, in einen Sack geladen, rauf auf den Volkswagen, dann wieder zur S-Bahn zurück und mit der Bahn nach Jungfernheide. Da sind wir, ach, ich kann's gar nicht zählen, wie oft haben wir diese Touren gemacht.

Bahnhof Grunewald

Man hat sich denn so geeinigt nachher, daß man 60% Westgeld kriegte

Ja, der Streik 1949. Da war die Währungsumstellung gewesen, uns hat man bloß die Mark der Deutschen Notenbank gegeben. Nun lebten wir aber im Westsektor, jetzt sollten wir beim Hauswirt schon 25 % Westgeld zahlen. Wir hatten ja keins, wir kriegten ja keins, da blieb uns Eisenbahnern gar nischt weiter übrig, als die Arbeit niederzulegen. Die ersten Tage war gar nichts, da haben se sich uff gar nichts eingelassen. Nachher hieß et, se wollen 60 % zahlen, war aber noch nicht davon die Rede, was wir mit dem anderen Geld machen sollten. Da haben wir ungefähr 6 Wochen gestreikt. Da kriegten wir vom Berliner Arbeitsamt 28 Mark und een paar Pfennige Arbeitslosenunterstützung. Ick war denn uff'n Bahnhof Neukölln, da wurden wir denn überall eingeteilt. Ick kam zum Bahnhof Herrmannstraße als Streikposten. Da war mal 'ne Begebenheit, da kam vom Baumschulenweg eene Lokomotive mit zwee Personenwagen, in den zwee Personenwagen waren zwee oder drei Russen drinne und Transportpolizei. Die wollten nun den Bahnhof Neukölln räumen. Jetzt haben die ganzen Eisenbahner sich unterhalb der Böschung hingelegt. Da sind ja unten die Schottersteine, da haben die Eisenbahner die Transportpolizei jar nich uff den Bahnhof jelassen. In der Zwischenzeit haben wieder andere von der Bahnmeisterei hinten ein paar Schienen herausgenommen am Berg, da, wo es nach Baumschulenweg ging. So konnte die Loksche mit die beeden Wagen nicht mehr zurück. Nun blieb ihnen ja bei dem Steinhagel weiter nichts übrig, als zurückzutraben, det Lokpersonal, wat da druffsaß, det is mit zurückjegangen. Na, dann sind die Eisenbahner alle druff, mit Hallo, und denn haben sie die Loksche und die zwee Wagen bis nach Tempelhof gefahren, da wurde se dann abgestellt. So'ne Begebenheiten gab et auch. Man hat sich denn so geeinigt nachher, daß man 60 % Westgeld kriegte, det war denn ungefähr nach 6 Wochen, und für det restliche Geld, wat wir sonst noch zu kriegen hatten, wir hatten ja denn 40 % und Kilometergelder, Nachtgeld, wat allet dazu kam, dafür haben wir denn eene Einkaufsbescheinigung jekriegt. Da konnten se denn im Osten für einkaufen. Nachher kriegten wir denn zuerst vom Senat 10% umgetauscht, und det hat sich nachher denn gesteigert im Laufe der Zeit, bis wir 100% hatten. Denn war et imma noch mit det Kilometergeld, waren ja noch imma so über 100 Mark. Darauf haben wir denn 'ne Bescheinigung jekriegt, da wurde denn aber der Betrag, für den wir eingekauft haben, da waren immer so'ne Rubriken, da wurde jedesmal eingetragen, was man gekauft hat.

Da klapperte es so doll, daß ich unweigerlich wach wurde

Von 1966 bis 1972 habe ich die S-Bahn dann wieder regelmäßig benutzt. Ich fuhr mit dem Auto bis Spandau-West und von da aus zum Lehrter Bahnhof, wo ich im Sozialgericht Protokolldienst hatte. Ich war dann entsprechend abgespannt abends, und ich hab das natürlich sehr begrüßt, daß ich ab Westkreuz bis Spandau so ganz unbesorgt schlafen konnte, denn in dem Moment, wenn der Zug dann vor Einlauf in den Bahnhof Spandau-West über die Havel fuhr, über die Brükke, da klapperte es so doll, daß ich unweigerlich wach wurde und keine Angst zu haben brauchte, etwa bis Staaken weiter zu fahren.

Bahnhof Spandau-West ▷

Am Bahnhof Olympia-Stadion

Bahnhof Feuerbachstraße

◁ Brückendetail

Bahnhof Lankwitz

Bahnhof Siemensstadt

Also, da kann ich mich noch sehr genau dran erinnern

An etwas kann ich mich sehr gut erinnern, was ja auch fleißig benutzt wurde auf den Bahnsteigen, das waren diese kleinen Springbrunnen zum Trinken. Das war eine bequeme Sache, ich meine, damals war ja noch nicht jeder gleich auf Coca-Cola aus. Nein, das war eine sehr erfrischende und sehr appetitliche Angelegenheit. Man drückte auf den Metallring, und dann sprudelte das Wasser hoch, mit dem Mund fing man es auf. Also da kann ich mich noch sehr genau dran erinnern. Und es konnte auch passieren, daß wir Kinder während einer Fahrt schnell raussprangen beim Halt auf einer Station und in denselben Zug wieder rein, nachdem wir uns erfrischt hatten.

Daran kann ich mich erinnern. Und in den Warteräumen waren noch Kanonenöfen aufgestellt.

Werbetafeln

Eenmal hab ick ma
wehren müssen

Nach dem Mauerbau, nach dem Boykottaufruf mußten wir uns in Acht nehmen, damit sie uns nicht an den Kragen gingen. Eenmal hab ick ma wehren müssen, da stand ick hier am Bahnhof Feuerbachstraße. Da kamen zwei so junge Bengels vorbei, hauten mir die Mütze vom Kopp. Na ja, eh der sich nu versehen hatte, hatte ick ihm schon det Been in den Unterleib und die Tasche mit de Aktenmappe hab ick ihm unter det Kinn gehauen. Die Aktenmappe war schwer, da war ja mein Schlüssel, mein Fahrschlüssel, drin. Dem ist der Zigarettenstummel im hohen Bogen rausgeflogen! Na, der hatte gedacht, ick halte still, ja, aber so war ick nich, ick war denn imma sehr schnell denn bei sowat uff de Tanne.

Ja, det hat man alles erlebt in dieser Zeit. Det Gefrozzel immer, wenn man ankam in Uniform: »Da kommt Ulbrichts General!« Ick hab denn nachher immer 'nen dünnen blauen Nylonmantel drübergezogen, da hatt' ich meine Ruhe. In dieser Beziehung da hat der Willy Brandt das verkehrt gemacht. Von Willy Brandt aus kam det, der war damals – glob ick – Uffsichtsratvorsitzender bei der BVG. Die BVG hatte damals schon ein flottes Defizit, und da hat er wohl gedacht, uff die Art kriegt er det Defizit weg. Det is ihm nich geglückt, die haben ja heute noch een Defizit!

Anhalter Bahnhof

Hinweistafeln

Bahnhofsgaststätten

Reisende am Kiosk

Anhalter Güterbahnhof, ▷
Postbahnhof und Gleisdreieck

So, jetzt gehen wir beide los und holen uns eine S-Bahn-Schwelle, damit unsere Kinder nicht frieren

46/47 hatten wir den kalten Winter, da war immer die Frage: Wo kriegt man jetzt Brennstoff her? Auf Marken gab es so wenig, daß es nicht ausreichte, und Geld hatten wir nicht, um uns jetzt auf'm Schwarzmarkt Kohlen und Holz zu kaufen. Da kam meinem Mann eine geniale Idee, die allerdings etwas verwerflich war, aus heutiger Sicht gesehen: Und zwar hatte man in Jungfernheide die zweite Spur der Bahn demontiert, da lagen jetzt nur noch die Schwellen da. Einige Berliner machten sich das zunutze und klauten ganz einfach die Holzschwellen und hatten dann wunderschönes Brennholz. Am Bahnhof Jungfernheide war der Zaun zu den Gleisen etwas defekt, und zwar an einer Brücke, die über die Spree ging, und als ein furchtbar nebliger Tag war, sagte mein Mann: »So, jetzt gehen wir beide los und holen uns eine S-Bahn-Schwelle, damit unsere Kinder nicht frieren.« Wir sind dann im Nebel mit dem Schlitten, es war Winter, sind wir losmarschiert und durch den Zaun gekrochen, und tatsächlich haben wir eine schöne Schwelle gefunden, auf'n Schlitten geladen, und wollten die gerade abtransportieren, da sah ich so in der Ferne eine Männergestalt mit einer Eisenbahnermütze. Nun blieben wir ganz ängstlich stehen und warteten nun, daß derjenige uns verhaften oder zumindest zur Rede stellen würde, aber diese männliche Gestalt blieb auch stehen. Und als wir dann so eine Viertelstunde gestanden hatten, und keiner von uns bewegte sich, da sagte mein Mann: »Los, wir marschieren jetzt ab, egal, was kommt.« Und wir liefen dann los, und der Mann lief auch los, und als wir dann in die Nähe kamen, dann sahen wir, daß es auch einer war, der eine Schwelle geklaut hatte.

Gleisdreieck

Stillgelegtes Gleis
hinter dem Bahnhof Frohnau

Bahnhof Pichelsberg

Stadtbahn zwischen den
Bahnhöfen Savignyplatz und
Zoologischer Garten

Bahnhof Heiligensee

Lokomotivschuppen und
Drehscheibe auf dem Anhalter
Güterbahnhof

Ich hab dann den SFB angerufen und gesagt, daß ab 17 Uhr 30 kein Zug mehr fährt

Wenn man den Streik vom September 1980 ein bißchen besser verstehen will, muß man meines Erachtens zurückgehen in den Januar 1980. Am 15. Januar ist 79 Kollegen von heute auf morgen gekündigt worden. Das war ein unheimlicher Schock. Wir haben doch immer geglaubt, wir seien unkündbar.

Nach dem Januar 1980, da ham ungefähr 700 Leute selbst gekündigt, und es kam nichts nach. Also, die wenigen Leute, die da waren, die wurden mit noch mehr Arbeit überhäuft. Man konnte die Aufgaben, die man eigentlich hatte, gar nicht mehr wahrnehmen. Das hat die Leute aber alles gar nicht gestört. Entscheidend war, was unterm Strich rauskam, und das bei dem Anspruch, den die Leute sich gestellt haben: »Sozialistischer Betrieb.« »Bei uns geht's besser als beim Kapitalisten«, und so weiter, Theorie und Praxis! Sprüche haben die jenug druffgehabt.

Ja, denn kam der Sommer 1980, Urlaubszeit, war auch nochmal ganz schön schlimm. Ich habe im Juli 16 Nachtschichten hintereinander gemacht – ohne Pause. Um den 15. August rum bin ich in Urlaub gegangen, der erste Arbeitstag war Montag, der 15. September. Da habe ich denn gleich gehört: Die Fahrpläne sind geändert worden, und es hat 80,00 DM brutto – das waren 3 1/2 % – Lohnerhöhung gegeben. Auf der einen Seite hat man 80,00 DM zugegeben, auf der anderen Seite aber das Geld sofort wieder einkassiert, weil durch die Fahrplanänderung die Nachtzuschläge entfielen. Das war denn eigentlich so der Auslöser. Es gab erregte Diskussionen und Unmutsäußerungen, und denn fiel auch det Wort »Streik«

Dienstag hatte ich frei. Und als ich am Mittwoch kam, da war schon Stimmung. Das war der 17. September. Durch das Fenster der Meisterbude sahen wir auf den Gleisanlagen des Rangierbahnhofs Tempelhof zwei Loks nebeneinander stehen,

◁ Bahnhof Friedenau
Während des Streiks im
September 1980

und die Leute haben sich da was zujebrüllt. Also wir rüber zum Rangiermeister. Und der meint denn: »Ist nischt mehr bei uns.« Ja, also Tempelhof streikt, Hamburg- und Lehrter Bahnhof in der Heidestraße und Grunewald auch. Wir haben natürlich jesagt: »Denn streiken wir auch.« Die für uns zuständige Fahrdienstleiterin sachte: »Ja, na klar, wir streiken ooch, ick bin schon bis Halensee durch. Die machen alle mit, aber Halensee, der stellt sich quer.«

Ich hab dann den SFB angerufen und gesagt, daß ab 17.30 Uhr kein Zug mehr fährt. Die haben das gleich um 18.00 Uhr in den nächsten Nachrichten gebracht.

Bei uns in Papestraße haben wir die Kollegen, die dienstfrei hatten, angerufen und gesagt: »Wir streiken, alles nach Papestraße in die Triebwagenhalle kommen! Bringt die Führerstandsschlüssel mit«! Wir hatten also abends gegen 22.00 Uhr so eine Art Betriebsversammlung in Papestraße. Ich bin noch bis gegen 7.30 Uhr in der Dienststelle geblieben, weil beim Schichtwechsel immer Leute dabei waren, die geschwankt haben und die am liebsten sofort wieder gearbeitet hätten.

So um 14.30 Uhr bin ich dann wieder zur Versammlung in Hamburg-Lehrter Bahnhof, wo aus Vertretern der einzelnen Dienststellen 'ne Streikleitung gewählt werden sollte. Ich wurde auch gewählt.

Sonnabend früh bin ich nach Hause gekommen und hab geschlafen. Als ich aufgewacht bin, war da ein Einschreibbrief für mich abgegeben worden. Das war meine fristlose Entlassung.

Einmal hat soone West-Berliner Polizeidienststelle angerufen und gesagt, daß sie uns bei Gewalttätigkeiten beistehen wolle. Und dann stand da immer soon Fahrzeug. Das waren zwei Polizisten in Zivil, die sollten mal gucken, was da so abläuft und die janze Sache beobachten. Die haben uns denn bestätigt, was der andere am Telefon gesagt hatte. Na, das war natürlich dufte! Ja, det jab soon Jefühl von Sicherheit. Man hat nicht alleine dagestanden. Was uns auch sehr geholfen

Nord-Süd-Bahn zwischen den
Bahnhöfen Humboldthain,
Berlin (West), und Nordbahnhof,
Berlin (Ost)

hat, war die Berichterstattung in den Massenmedien. Überall waren wir in aller Munde, wir, die wir jahrelang totgeschwiegen, teilweise diskriminiert worden waren. Das war also ein Hochgefühl. Die Nacht von Sonntag zu Montag war eigentlich die schlimmste. Erstmal, weil viele Leute, wie ich auch, schon ziemlich fertig waren. Das war schon der fünfte Tag, und ich hab insgesamt vielleicht 12 Stunden geschlafen. Vier Kilo hab ich abgenommen in diesen Tagen, wo det jelaufen ist.

Am Montagfrüh hat das Streikkomitee ein Flugblatt verfaßt und um 13.00 Uhr die Presseleute alle zusammengerufen. Und denn hat man gesagt, daß wir immer noch keine Antwort bekommen haben und jetzt nicht mehr unter der alten Regierung arbeiten wollen. Der Senat soll in Verbindung mit den Alliierten verhandeln und alles übernehmen. »Es gibt 'ne Deutsche Bundespost Berlin, warum soll es nicht auch 'ne Deutsche Bundesbahn Berlin geben.« Das war aber ein Schlag ins Wasser, denn 'ne Stunde später hat sich denn ja gleich Herr Stobbe gemeldet und uns mit seinen Äußerungen total den Mut genommen.

Am Dienstagmorgen war es dann soweit: Arbeitswillige Kollegen haben schon wieder Anweisungen entgegengenommen. Die Leute haben die Sache wieder in'n Jriff gekriegt. Als letzte Bastion existierte nur noch der Hamburg-Lehrter Bahnhof. Ja, da haben wir denn am Dienstagabend praktisch den Streik für beendet erklärt. Es war auch dieser britische Offizier anwesend, der offiziell ja immer totgeschwiegen worden ist, der uns dreimal durch die Blume zu verstehen gegeben hat, daß wir das Gelände räumen sollen. Das haben wir gegen 10.00 Uhr getan. Ein West-Berliner Polizist ist mit drei Leuten durch alle Räume gegangen, nachdem wir sie vorher saubergemacht und aufgeräumt hatten, damit uns später keiner sagen kann, da war totales Chaos. Dann ist das Gebäude abgeschlossen worden und die ungefähr 400 Leute, die sich da versammelt hatten, haben eine spontane Demonstration zum Weddingplatz gemacht. So eine kleine Abschlußkundgebung.

Stadtbahn zwischen den
Bahnhöfen Savignyplatz und
Zoologischer Garten

Die Bauwerke der Berliner Stadteisenbahn

Mit dem Wachstum einer Großstadt nimmt naturgemäß die Beweglichkeit der städtischen Bevölkerung zu und der Verkehr hebt sich nicht nur zwischen den einzelnen Stadtteilen unter sich sondern auch zwischen der Stadt in ihrer Gesamtheit und der Umgebung, sowie der Außenwelt überhaupt. Diese Steigerung des Verkehrs stößt auf keine Schwierigkeiten und Hindernisse, so lange die Entfernungen zwischen den hierbei hauptsächlich in Betracht kommenden Punkten ohne erheblichen Aufwand an Geld und Zeit zurückgelegt werden können. Sobald aber solches mit den vorhandenen Beförderungsmitteln nicht mehr möglich ist, ruft die Notwendigkeit der Aufrechterhaltung jener wechselseitigen Beziehungen Umstände hervor, die in der einen oder anderen Weise beseitigt werden müssen, wenn nicht der Verkehr leiden und der Aufenthalt in der Stadt, namentlich für die weniger bemittelte Bevölkerung, mit der Zeit unerträglich werden soll.

Berlin stand im Anfang der siebziger Jahre an einem derartigen Wendepunkt seiner Entwicklung. Die so folgereichen politischen Umgestaltungen jener Zeit, welche Berlin zur Hauptstadt des Deutschen Reiches erhoben, hatten hier einen gewaltigen Aufschwung und eine lebhafte Thätigkeit in Handel und Gewerbe hervorgerufen. Die sich dadurch bietende Aussicht auf lohnenden Verdienst lockte eine große Menge von Arbeitern, Handwerkern und Geschäftsleuten aller Art nach Berlin und gab Veranlassung zu einem ungemein raschen Anwachsen der Bevölkerung, sowie zu einer vermehrten Nachfrage nach Wohnungen. Dieser suchte man durch eine gesteigerte Bauthätigkeit gerecht zu werden, welche sich anfangs zumeist im Innern der Stadt entwickelte, dort Stockwerk auf Stockwerk thürmte und die noch freien Hof- und Gartenflächen, deren Erhaltung für den Gesundheitszustand der Bevölkerung von hervorragender Wichtigkeit war, mit Bauten bedeckte. Auf die freien Flächen der Umgebung der Stadt konnte die Bauthätigkeit zunächst weniger rücksichtigen, weil infolge des Mangels an geeigneten Verkehrsmitteln und wegen der verhältnismäßig großen Entfernungen, welche die Bewohner jener Gegenden täglich zurücklegen mußten, wenn sie ihre Beziehungen mit der inneren Stadt aufrecht erhalten wollten, die Nachfrage nach Wohnungen hier nur gering und demgemäß der Häuserbau, trotz der weit niedrigeren Bodenpreise, weniger lohnend war, als in der Stadt. Erst allmählich und zunächst nur widerwillig, doch gezwungen durch die hohen Bodenpreise und den zunehmenden Mangel an Baustellen in der Innenstadt, begann man auch in weiteren Abständen größere Gruppen von Wohngebäuden zu errichten, welche sich bald zu geschlossenen Stadttheilen vereinigten.

Mit der Erweiterung der bisherigen Stadtgrenzen vermehrte sich das Bedürfnis nach bequemen und raschen Verbindungen zwischen den alten und neuen Stadttheilen, und zwar wurde dieses Bedürfnis um so fühlbarer, als Berlin bisher bezüglich seiner Beförderungsmittel auf einer, im Vergleich zu den Hauptstädten anderer Länder verhältnismäßig niedrigen Stufe der Entwicklung stand. Wenn von der kurzen Pferdebahnstrecke in der Dorotheenstraße zwischen Kupfergraben und Thiergarten abgesehen wird, waren zur Vermittlung des Verkehrs innerhalb der Stadt nur mangelhafte Droschken und schwerfällige Omnibusse vorhanden, beide sehr wenig geeignet, um damit Entfernungen bis zu einer Meile und mehr zurückzulegen, zumal wenn es sich um Beförderung größerer Menschenmengen handelte.

Zu der vorerwähnten Forderung nach einer wirksamen Verbindung zwischen den einzelnen Stadttheilen gesellte sich auch das Verlangen nach einer unmittelbaren Verbindung der Innenstadt mit der näheren und weiteren Umgebung.

Hinsichtlich seiner Bahnverbindungen mit den Provinzen und den übrigen deutschen Staaten war Berlin recht günstig gestellt. Derzeit liefen daselbst bereits 8 Hauptlinien zusammen, deren Vermehrung um drei weitere in Aussicht genommen oder bereits in der Ausführung begriffen war. Keine dieser Bahnen drang indes in die eigentlichen Verkehrsbezirke der Stadt ein, sondern sie endigten sämmtlich in einzelnen, räumlich von einander getrennten Bahnhöfen, welche am Umfang der Stadt planlos zerstreut lagen, und deren Benutzung durch die weiten Entfernungen für den größten Theil der Einwohner und namentlich für die Durchreisenden in hohem Grade erschwert wurde. Die großen Massen von Personen und Gütern, welche diese Bahnen täglich nach Berlin führten, mußten von den Bahnhöfen aus zum größeren Theil noch lange unbequeme Wege auf schlecht gepflasterten Straßen zurücklegen, ehe sie den Ort ihrer Bestimmung erreichten. Zwischen den einzelnen Bahnhöfen war allerdings durch die im Jahre 1870 dem Betrieb übergebene Ringbahn eine Schienenverbindung geschaffen, dieselbe diente aber fast ausschließlich dem durchgehenden Güterverkehr, für den Personenverkehr sowie den Güterverkehr der Stadt blieb sie von untergeordneter Bedeutung.

Hiernach darf es nicht Wunder nehmen, wenn die durch das plötzliche Anwachsen von Berlin gebildeten neuen Verhältnisse bald Verkehrsstörungen und Zustände herbeiführten, welche die weitere Entwicklung ernstlich in Frage zu stellen drohten, falls nicht eine baldige, durchgreifende Verbesserung der Verkehrswege angebahnt wurde.

In richtiger Würdigung der Verhältnisse erkannte eine Anzahl practischer, mit klarem Blick in die Zukunft schauender Männer bereits frühzeitig, daß nur durch Anlage einer mit Lokomotiven betriebenen Eisenbahn den verschiedenartigen Verkehrsbedürfnissen in ausreichender und nachhaltiger Weise Rechnung getragen werden könne. Als vollkommenste Lösung der Aufgabe erschien ein Netz von Bahnen, welche, Berlin in einigen Hauptrichtungen durchschneidend, einestheils im Mittelpunkt der Stadt sich vereinigen, anderntheils mit ihren am Umfange der Stadt gelegenen Enden an die bereits vorhandene Ringbahn, sowie an die in Berlin einmündenden Hauptbahnen angeschlossen werden sollten. Ein derartiges Bahnnetz war bei zweckmäßig geordnetem Betriebe und unter gleichzeitiger planvoller Ausbildung von Pferdebahnlinien durchaus geeignet, den räumlich großen Entfernungen ihren störenden Einfluß auf den Verkehr zu entziehen, und man durfte hoffen, durch dasselbe nicht nur den vorgenannten Verkehrsbedürfnissen vollauf zu genügen, sondern auch gleichzeitig noch andere, für die Weiterentwicklung der Stadt wichtige Vortheile zu erzielen. Diese Vortheile bestanden hauptsächlich in der Entlastung der Innenstadt zu Gunsten der am Umfange gelegenen Stadttheile und Vororte und in der hiermit verbundenen gründlichen Verbesserung der gesammten Wohnungsverhältnisse. Während bis dahin jeder nach einer Wohnung in möglichster Nähe der Verkehrsmittelpunkte der Stadt trachtete und willig für wenige ungenügende, schlecht erleuchtete Räume daselbst unangemessen hohe Miethen zahlte, um nicht täglich kostbare Zeit auf lange Wege zu verschwenden, durfte man mit Recht erwarten, daß nach Abkürzung der Entfernung mittels billiger und schneller Beförderungsmittel die Bewohner von engen, ungesunden und theuren Räumen in der Nähe des städtischen Verkehrslebens diese gern mit geräumigen, behaglichen und zugleich billigeren Wohnungen in den entfernteren Stadtgegenden oder mit dem ländlichen Aufenthalt in den Vororten vertauschen würden; daß demgemäß also die Innenstadt immer mehr als Stätte für das Verkehrsleben, die Außenstadt als der eigentliche Wohnplatz der Bevölkerung sich ausbilden würde.

Leider ist dieser wohldurchdachte großartige Plan nicht in seiner Vollständigkeit zur Durchführung gelangt. Zunächst kam eine einheitliche, sich wechselseitig ergänzende Ausbildung des Lokomotiv- und Pferdebahnnetzes nicht zu Stande. Beide Unternehmungen haben sich selbständig entwickelt und sind, anstatt sich gegenseitig zu unterstützen, in Wettbewerb zu einander getreten. Ferner wurde von den geplanten zwei oder drei die Stadt durchkreuzenden Bahnverbindungen bisher nur eine Hauptlinie, die jetzige Berliner Stadtbahn, ausgeführt.

Die erste Anregung zur Erbauung dieser Linie ging von Herrn Baurath Orth aus, welcher mit Wort und Schrift für die Herstellung einer Bahn eintrat, die, im Allgemeinen dem Laufe der Spree folgend, Berlin von Osten nach Westen in seiner größten Ausdehnung durchschneidend, sowohl die sämmtlich vorhandenen Bahnhöfe, wie die Ringbahn mit dem Inneren der Stadt verbinden und an geeigneten Stellen mit Stationen für den Personen- und Güterverkehr versehen werden sollte.

Als dieser Plan zunächst im Jahre 1871 in weiteren Kreisen bekannt wurde, traf derselbe auf vielfachen Widerspruch, weil er auf den ersten Blick unausführbar und über das vorhandene Bedürfnis weit hinausgehend erschien. Bei nachfolgender gründlicher Prüfung der einschlägigen Verhältnisse ergab es sich jedoch, daß die Bahn ohne erhebliche bauliche Schwierigkeiten und auch mit einem nicht übermäßigen Kostenaufwand hergestellt werden konnte. Gleichzeitig mit der Erkenntnis der Ausführbarkeit kam auch das Bewußtsein der großen Vortheile, welche diese, den gewerb- und geschäftsreichsten Theil von Berlin berührende Bahn nicht nur für die Hauptstadt, sondern wegen der Vereinigung der sehr zahlreichen Verkehrs- und Handelsbeziehungen daselbst auch für alle Provinzen haben mußte.

Die Verwirklichung des angeregten Planes rückte sichtbar näher, als die Deutsche Eisenbahn-Gesellschaft unter Leitung des im Jahre 1878 verstorbenen Wirkl. Geh. Ober-Regierungsraths a. D. Herrn Hartwich in einer Eingabe vom 2. Mai 1872 an den derzeitigen Minister für Handel, Gewerbe und öffentliche Arbeiten die Absicht zu erkennen gab, zur Abkürzung des Weges nach dem südwestlichen Deutschland und der Schweiz eine Eisenbahn (Südwestbahn) über Charlottenburg, Potsdam, Erfurt, Meiningen zu bauen, welche, am Ostbahnhofe in Berlin beginnend, die Stadt in der von dem Baurath Orth angegebenen Weise durchziehen sollte. Bei Vorlage der erläuterten Pläne und Zeichnungen wandte die Staatsregierung dem Unternehmen, wenigstens soweit dasselbe die Stadt Berlin berührte, eine wohlwollende und lebhafte Theilnahme zu und sah sich veranlaßt, dem Vorstande der Gesellschaft zu eröffnen, daß die Erlaubnisertheilung zum Bau und Betriebe der vorgenannten Bahn an die gedachte Gesellschaft unter den üblichen Bedingungen erfolgen würde, falls es derselben gelinge, das Zustandekommen des Gesammtunternehmens in genügender Weise sicher zu stellen.

Auf Grund dieser Zusicherung begann die Gesellschaft nach Aufstellung eines allgemeinen Entwurfs mit dem Ankauf eines erheblichen Theils der für die Bahn und ihre Nebenanlagen erforderlichen Grundstücke, welche sie zu Preisen erwarb, die mit Rücksicht auf die eingetretene Steigerung des Bodenwerthes als durchaus mäßig bezeichnet werden mußten. Ehe der Grunderwerb indes vollständig erledigt war, begann die Gesellschaft bereits unter ungünstigen Geld- und Börsenverhältnissen zu leiden. Zunächst wurde der Plan der vorgenannten Südwestbahn aufgegeben, da es nicht möglich war, das für das gesammte Unternehmen erforderliche Capital von 150 000 000 Mark aufzubringen. Diese ungünstigen Verhältnisse verschlechterten sich mit der Zeit immer mehr. Durch den Ankauf der Grundstücke in Berlin, Charlottenburg und Potsdam hatte die Gesellschaft Verpflichtungen übernommen, die den Tageswerth der Actien soweit herabdrückten, daß sie bald nicht mehr im Stande war, auch nur die Mittel für das beschränkte Unternehmen zu beschaffen, und daher gegen Ende des Jahres 1873 sich genöthigt sah, die Staatsregierung um Unterstützung oder um gänzliche Übernahme der Bauausführung anzugehen.

Hiermit war die Frage gestellt, ob das Unternehmen ganz aufgegeben werden sollte oder nicht. Höheren Orts konnte man sich der Erkenntnis nicht verschließen, daß die Ausführung der Stadtbahn nur eine Frage der Zeit sei, und daß unter den obwaltenden Verhältnissen die sofortige Ausführung die geringsten Kosten hinsichtlich des Grunderwerbs verursachen würde. Versagte der Staat seine Mithülfe, so stand mit Sicherheit zu erwarten, daß die mit Mühe erworbenen Grundstücke von der Gesellschaft wieder veräußert werden mußten, und daß sich so bald keine andere Privatgesellschaft finden würde, um den Bahnbau wieder aufzunehmen. Sollte aber der Staat durch die Macht der Verhältnisse später hierzu gezwungen werden, so würde er solchen nur mit erheblich höheren Geldopfern zur Ausführung bringen können.

Zu diesen Erwägungen trat noch der Umstand hinzu, daß der Staat, abgesehen von der Rücksicht auf den allgemeinen Verkehr, auch wegen seines eigenen Vortheils auf das baldige Zustandekommen der Bahn Werth legen mußte.

Wie erwähnt, sollte die Bahn von einem Punkt zwischen den Bahnhöfen der beiden östlichen Staatsbahnen, der Ostbahn und der Niederschlesisch-Märkischen Bahn, ausgehen, die Stadt in Anlehnung an die Spree und den Königsgraben von Osten nach Westen durchziehen und bei Charlottenburg an der Südseite dieses Ortes aufhören. Das östliche Ende sollte an die beiden vorgenannten Staatsbahnen, das westliche Ende unter anderen an die auf Kosten des Staats zur Ausführung vorbereitete Bahn Berlin-Wetzlar, beide Enden auch an die Ringbahn, welche gleichfalls dem Staate gehört, angeschlossen werden. Die Staats-Eisenbahnverwaltung durfte für ihre Hauptlinien, einschließlich der Ringbahn, von einer derartigen Bahnverbindung, welche dieselben sowohl unter sich, wie mit dem Herzen der Stadt in unmittelbare Berührung brachte, mit ziemlicher Sicherheit eine wesentliche Zunahme des Verkehrs und der Einnahme erwarten. Zudem wurde ihr die Möglichkeit geboten, beim Bau der Bahn Berlin-Wetzlar die Kosten für einen Berliner Personenbahnhof zu sparen, indem sie sowohl die in der Stadt gelegenen Zwischenstationen der Stadtbahn, als auch den Endbahnhof im Osten für die Betriebszwecke der erstgenannten Bahn mit benutzen konnte. Die hierdurch zu erzielende Ersparnis ließ sich seinerzeit auf 9 bis 10 Millionen Mark schätzen.

In Erwägung dieser Umstände und Vortheile wurde die Ausführung des Unternehmens als durchaus nothwendig erachtet und die Unterstützung desselben beschlossen. Durch Vertrag vom 15. Dezember 1873 vereinigte sich dann die Königliche Staatsregierung mit der Deutschen Eisenbahnbau-Gesellschaft zu einem Actienunternehmen für den Bau und Betrieb der Berliner Stadtbahn, zu welchem auch die drei Privatbahn-Gesellschaften, die Berlin-Potsdam-Magdeburger, die Magdeburg-Halberstädter und die Berlin-Hamburger Bahn, zugezogen wurden, für welche das Zustandekommen der beabsichtigten Anschlüsse ihrer Bahnen an die Stadtbahn gleichfalls von besonderem Wert war.

Doch erst, nachdem nicht ohne Ueberwindung vielfacher Fährlichkeiten aus diesem Actienunternehmen, wie in der Einleitung zur Beschreibung der einzelnen Bauwerke der Stadtbahn (S. 1 u. ff.) weiter auseinandergesetzt ist, ein Staatsunternehmen geworden, konnte endlich eine gesicherte Grundlage sowie ein festes Bauprogramm geschaffen und im Frühjahr 1879 mit der Ausarbeitung der Specialentwürfe begonnen werden. Zielbewußt und erfüllt von dem Wunsche, Tüchtiges und den Erwartungen Entsprechendes zu liefern, schritt demnächst die Direction der Berliner Stadt-Eisenbahn an die Ausführung des Werkes. Inwieweit ihr Wunsch in Erfüllung gegangen und die aufgewendete Mühe und Arbeit von Erfolg gewesen, dafür legt das fertige Bauwerk in seiner Gesammtheit ein beredtes Zeugniß ab.

Getragen von einem massiven, in gefälligen Formen aufgeführten Viaduct, suchen die vier Geleise der Bahn in vielfachen Windungen ihren Weg durch das Häusermeer der Stadt, bald in dem letzteren verschwindend und sich dem Blicke entziehend, bald beim Ueberkreuzen der Wasserläufe, Straßen, Plätze usw. auf kürzere oder längere Strecken wieder sichtbar werdend. Die geräumigen und in gediegener Ausstattung angelegten Stationen, sowie die leichten, in mannigfacher Weise gestalteten Eisenconstructionen zu den Unterführungen der verschiedenen Verkehrswege bringen in die einfachen Linien des Viaducts eine wohlthuende Abwechslung und haben Veranlassung zu reizvollen architektonischen Bildern gegeben. Hierin unterscheidet sich dieser Bau vorteilhaft von den zu gleichen Zwecken ausgebauten Verkehrswegen in London und New-York.

Während bei Ausführung der letzteren nur dem nackten Verkehrsbedüfniß Rechnung getragen worden ist, hat man sich bei der Berliner Stadtbahn ein höheres Ziel gesteckt; man hat den Bedürfnißbau zu einem stattlichen Monumentalbau gestaltet, der das Wesen der Bahn zur äußeren Erscheinung bringt und dieselbe in ansprechender Weise in das Gesamtbild der Stadt einfügt.

Die Stadtbahn als Hochbahn auszubilden, – dieser Gedanke ist bereits bei Anregung des ganzen Unternehmens von Herrn Baurath Orth ausgesprochen und mit einer einzigen Ausnahme,*) auch bei den späteren, sich vielfach ändernden Entwürfen stets festgehalten worden. Die strenge Durchführung dieses Gedankens, welche durch die günstige Bodengestaltung der Stadt wesentlich erleichtert wurde, muß als ein ganz besonderes Glück bezeichnet werden, denn dadurch hat die Anlage einen nicht hoch genug anzurechnenden Vortheil gewonnen, der um so klarer ins Auge tritt, wenn man sie mit den Londoner Stadtbahnen vergleicht, – welche sich, wie bekannt, fast durchweg unter der Erde befinden.

Nach einstimmigem Urtheil aller, welche jemals eine Londoner Untergrundbahn benutzt haben, ruft eine Fahrt auf derselben bei einem Nicht-Engländer jedesmal das Gefühl des Unbehagens hervor. Zu jeder Tageszeit umgiebt den Reisenden nächtliches Dunkel, an den rußigen Tunnelwänden findet das Geräusch der fahrenden Züge, welches durch das Gekreische der Schienen in den engen Curven noch verstärkt wird, einen betäubenden Wiederhall. Die übelriechende, durch die Verbrennungsgase der Gaslampen, Maschinen usw. verpestete Luft wirkt störend auf die Athmungswerkzeuge ein. Wer in London Zeit und Mittel besitzt, ein anderes Beförderungsmittel zu wählen, wird schwerlich die Untergrundbahn mit ihren zudem noch engen und schmutzigen Bahnhöfen aufsuchen.

Ganz anders in Berlin. Eine Fahrt auf der Berliner Stadtbahn übt auf jeden aufmerksamen Beobachter einen besonderen Reiz aus. Hier blickt der Reisende, unbelästigt durch das betäubende Geräusch der Räder oder durch Rauch und dumpfige Luft, von erhöhtem Sitze bei Tage auf wechselvolle anziehende Bilder großstädtischen Lebens, bei Nacht auf ein Meer von Lichtern, deren zitternder Widerschein einen großartigen Eindruck hervorruft.

Mit den Bahnen in New-York hat die Berliner Stadtbahn den Gedanken der Anlage einer Hochbahn gemein; die Berliner Bahn darf indes das Vorrecht für sich in Anspruch nehmen, diesen Gedanken in einer, den architektonischen Bedürfnissen der Stadt entsprechenden Weise zur Durchführung gebracht zu haben, was von den New-Yorker Bahnen nicht behauptet werden kann. Im Gegentheil verunzieren daselbst die Hochbahnen, welche zum größten Theil in den Hauptstraßen liegen, deren Richtung sie verfolgen, duch die unschön gestalteten Säulen und Träger ihrer eisernen Viaducte in bedauerlicher Weise die äußere Erscheinung der Stadt.

Berlin darf also mit Recht stolz sein auf seine Stadtbahn, welche das ganze preußische Volk seiner Hauptstadt als Geschenk dargebracht hat, werthvoll durch inneren Gehalt und würdig in der äußeren Erscheinung, gleichzeitig ein nutzbringendes Verkehrsglied und eine Zierde der Stadt.

(Zeitschrift für Bauwesen, 1884)

*) Nach dem ersten von der Deutschen Eisenbahnbau-Gesellschaft vorgelegten Entwurf sollte die Strecke westlich der Marschallbrücke teilweise in einem Tunnel liegen.

Beschreibung einer Industrielandschaft

Arbeitsbericht

Dieses Buch versammelt 120 Aufnahmen, ausgewählt aus mehr als 2000 Farbdiapositiven Kodak Ektachrome 400 ASA. Beobachtungszeitraum: November 1979–März 1981. Siebzehn Monate lang haben wir fast jede Woche eine Kamera-Expedition in die unmittelbare Nähe unternommen. Ziel und Absicht: Systematische Beschreibung einer vergessenen Industrielandschaft. Kameraausrüstung: Canon A-1/Canon Zoom Lens FD 70–150 mm 1:4.5; Nikkormat/Nikkor-S Auto 35 mm 1:2.8/RMC Tokina Zoom 80–200 mm 1:4.0; Pentax Spotmatic F/SMC Takumar 55 mm 1:1.8.

Transit

Als würde er den Reflexen unwillkürlicher Erinnerungen folgen, dringt der S-Bahn-Reisende ein in die zeitliche Tiefendimension der Stadt Berlin (West). Die zerstreut und ganz ohne weitere Absicht begonnene Fahrt wird zum Transit durch Raum und Zeit. Details halten den Blick fest: Gußeiserne klassizistische Säulen, schmiedeeiserne Geländer, Bahnhofsschilder aus unverwüstlichem Emaille. Hier haben sich Jahre und Jahrzehnte abgelagert, eingeschrieben ins Material. Die großen Uhren, die verrosteten Richtungsschilder, die Brückenkonstruktionen aus Eisen, die alten Bahnhöfe aus Backstein, blindgewordenem Glas und stumpfgewordenem Stahl – diese Ingenieurbauten erzählen die Geschichte der Industriestadt Berlin.

Erinnerungs- verlust

In den ersten Wochen des S-Bahn-Boykotts nach dem Mauerbau am 13. August 1961 sind auf dem Bahnhof Zoo Reisende, die für 20 Pfennige eine S-Bahn-Fahrkarte kaufen wollten, beschimpft und verprügelt worden. Bald galt in der westlichen Halbstadt das ungeschriebene Gesetz: Mit der S-Bahn fährt man nicht. Die Stadt – besser: was im Westen von ihr übriggeblieben war – hatte kollektiv beschlossen, sich noch weiter zu amputieren. Das war eine Trotzreaktion, eine politische Ersatzhandlung. Man wollte denen »da drüben« zeigen, daß man auch ohne ihre S-Bahn auskommen konnte (die Eisenbahn-Betriebsrechte hatten die Westalliierten 1945 auch in ihren Sektoren der Reichsbahndirektion Berlin überlassen, die später in den sowjetischen Sektor der Stadt verlegt wurde). Der Boykott verdrängte die einstmals modernste und leistungsfähigste Stadtschnellbahn der Welt – Zugfolge während der Olympischen Spiele 1936: neunzig Sekunden – aus dem Bewußtsein der westlichen Stadtbewohner.

Statistischer Exkurs

1927 zählte die S-Bahn 358 Millionen Passagiere im ungeteilten Berlin. Diese Zahl stieg nach Abschluß der Elektrifizierung auf 512 Millionen im Jahre 1937, erreichte 1943 kriegsbedingt die Rekordhöhe von 737 Millionen, sank nach dem Krieg auf etwa 420 Millionen beförderter Passagiere per anno und pendelte sich in den fünfziger Jahren auf dieser Höhe ein. Mit der Zweiteilung der Stadt im Jahre 1961 wurde auch das S-Bahn-Netz in zwei separate Netze geteilt. 1976 hatte die Bahn in West-Berlin nur noch etwa fünfundzwanzig Millionen Fahrgäste, in den siebzehn Monaten unserer Fotografenarbeit haben wir Züge gesehen, die ohne einen einzigen Reisenden durch die Halbstadt ratterten.

Das Auge des Entdeckers

Das Kamera-Auge fokussiert ein verlassenes Gelände. Es ist dabei eine merkwürdige Beobachtung zu machen. Ein Bild nach dem anderen legt dem Betrachter nahe, die Suche nach dem Täter aufzunehmen, der womöglich gerade eben, wenige Sekunden, wenige Minuten, bevor der Fotograf auf den Auslöser gedrückt hat, hier entlang gekommen ist. Tatort-Fotos, Bilder einer Landschaf, in der jeder Tourist sogleich nach seiner Ankunft auf den Gedanken kommt, hier einen Kriminalfilm zu drehen. Etwas muß an einem Gelände sein, das solche Assoziationen, solche Spekulationen auslöst.

Spuren-
sicherung

Wir waren nicht als Polizeireporter unterwegs, wir waren Abenteurer und Detektive. Abenteurer in einem aufgegebenen, einem verlassenen Land, Detektive auf der Suche nach der vergangenen Zeit, der Stadt von gestern. Seit den fünziger Jahren liegen wegen der besonderen politischen Situation der Stadt weite Teile der Berliner Eisenbahnlandschaft brach. Flugsamen haben Birkenwälder entstehen lassen auf den Gleisen. Eine Industrielandschaft versteppt. Die Natur ist zurückgekehrt in die Stadt, im Bereich des Potsdamer und des Anhalter Güterbahnhofs und auf dem ehemaligen Rangierbahnhof Tempelhof ist eine ökologische Nische entstanden, in der fast 400 Pflanzenarten zu finden sein sollen. Fast ebenso viel wie im dreimal so großen, gehegten und gepflegten Tiergarten, schrieb kürzlich eine Zeitung der Stadt. Hier in der Wildnis findet der Foto-Detektiv die Spuren des 19. Jahrhunderts, des »Eisenbahnzeitalters«: Halb verfallene Lokomotivschuppen, Drehscheiben, Wassertürme, Stellwerke.

Historischer
Exkurs

Im Jahre 1838 nahm die Berlin-Potsdamer Eisenbahngesellschaft den Betrieb zwischen den beiden Residenzstädten auf. In den folgenden Jahren und Jahrzehnten entstanden die anderen großen Radialstrecken mit ihren damals noch vor den Toren der Stadt gelegenen Bahnhöfen, deren Namen immer gleich die Zielorte der Züge bezeichneten: der Stettiner Bahnhof, der Frankfurter Bahnhof, der Hamburger Bahnhof, der Anhalter Bahnhof, der Görlitzer Bahnhof, der Lehrter Bahnhof. Die erste Verbindung zwischen diesen isolierten Kopfbahnhöfen stellte im Herbst 1851 eine auf Veranlassung des preußischen Staats – der sich raschere Truppenverschiebungen davon versprach – gebaute Verbindungsbahn her. Diese Bahn, auf der neben der militärischen Nutzung nur Güterverkehr abgewickelt wurde, konnte den mit der zunehmenden Industrialisierung Berlins unablässig steigenden Anforderungen schon in den sechziger Jahren des 19. Jahrhunderts nicht mehr genügen. Hinzu kam, daß das Umsteigen für alle Reisenden, deren Weg über Berlin führte, aufgrund der großen Entfernungen zwischen den verschiedenen Endbahnhöfen der Radialstrecken sehr umständlich und beschwerlich war.

So wurde 1867 der Bau einer »Neuen Verbindungsbahn« beschlossen, die anfangs von Moabit über Gesundbrunnen, Stralau-Rummelsburg und Rixdorf nach Schöneberg führte, und auf der der Personenverkehr am 1. Januar 1872 aufgenommen wurde. Aus dieser zweiten Verbindungsbahn wurde am 15. November 1877 mit der Inbetriebnahme der westlichen Teilstrecke von Moabit über Charlottenburg (heute: Westend) und Grunewald (heute: Halensee) nach Tempelhof die »Berliner Ringbahn«.

Ein Zitat aus dem 1896 erschienenen Werk »Berlin und seine Eisenbahnen« beschreibt diese Teilstrecke sehr anschaulich: »Die neue Ringbahnstrecke schließt westlich vom Bahnhof Tempelhof, östlich der Anhalter Bahn an die bestehende Ringbahn an, überschreitet nördlich neben dem Anschlusse nach Schöneberg die Anhalter und Dresdener Bahn und nördlich der Station Schö-

neberg die Potsdamer Bahn, dann die Potsdamer Chaussee, die Handjery- und die Kaiserstraße, den Weg von Wilmersdorf nach Steglitz – damals Grüner Weg, heute die Wilmersdorfer Augustastraße – wendet sich dann nordwestlich, geht im Einschnitt unter dem Wege Wilmersdorf – Schmargendorf (jetzt Mecklenburgische Straße) vor dem Bahnhofe Grunewald – heute Halensee – unter der Straße Nr. 15, der Paulsborner Straße, und hinter dieser und der Straße Nr. 12 (dem Kurfürstendamm) hindurch; ferner geht die Bahn zwischen dem Bahnhof Halensee und Charlottenburg (Westend) westlich des Lietzensees, unter dem Königswege, unter den Schießständen beim Charlottenburger Schützenhause und der Straße Nr. 27, der heutigen Knobelsdorffstraße, und unter der Spandauer Chaussee hindurch über die Faule Spree, wendet sich hier nach Osten, läuft südlich neben der Berlin-Lehrter Bahn her, überschreitet die Spree westlich der heutigen Station Jungfernheide, ferner den sogenannten Verbindungskanal und die Seestraße östlich der heutigen Charlottenburger Gasanstalt, fällt dann ins Gelände und erreicht östlich der Überführung der Beusselstraße den Bahnhof Moabit.«

Die Geschichte der historischen Stadtbahnstrecke Schlesischer Bahnhof – Charlottenburg findet sich verkürzt, dabei jedoch sehr präzis in dem 1980 in neuer Bearbeitung erschienenen Buch »Berliner S-Bahn – Vom Dampfzug zur elektrischen Stadtschnellbahn« von Peter Bley beschrieben: »Die Erschließung des eigentlichen Stadtkerns durch eine Eisenbahn leitete die Deutsche Eisenbahn-Baugesellschaft im Jahre 1872 ein. Diese Gesellschaft, die nach anfänglichen Schwierigkeiten ihr Projekt auch mit der geplanten Bedienung des innerstädtischen Verkehrs begründete, begann als »Berliner Stadteisenbahn-Gesellschaft« den Bau der Stadtbahn unter Beteiligung verschiedener in Berlin beginnender Privatbahnen sowie des Staates. Infolge Konkurses der Privatgesellschaft vollendete der preußische Staat das Projekt. Die 12,145 km lange viergleisige Stadtbahn wurde – teilweise das Spreebett und den zugeschütteten Königsgraben benutzend – quer durch das Häusermeer der Innenstadt erbaut. Der größte Teil lag damals auf 731 gemauerten Viadukten, der Rest im Bereich von Charlottenburg auf einer Dammschüttung; sämtliche Straßen unterquerten die Bahn kreuzungsfrei.

Am 7. Februar wurde das nördliche Gleispaar für den »Localverkehr« mit Stadt- und Stadtringzügen sowie provisorisch für den Vorortverkehr (nach Erkner) in Betrieb genommen. Den Anschluß der Stadtbahn sowohl an den nördlichen als auch an den südlichen Teil der Ringbahn stellten besondere Verbindungskurven vom Schlesischen Bahnhof bzw. von Charlottenburg her, die ebenfalls 1882 in Betrieb genommen wurden. Stadt- und Ringbahn bildeten dadurch betrieblich eine Einheit, die teilweise heute noch besteht.

Mit der Inbetriebnahme des südlichen Gleispaares für den Fern- und Vorortverkehr am 15. Mai 1882 war die Stadtbahn vollständig in Betrieb. Sie übernahm bis zum 15. Juli 1882 den Fern- und teilweise auch den Vorortverkehr der westlichen, südwestlichen und östlichen Strecken. Die Stadtbahn verfügte zu jener Zeit für den Lokalverkehr über folgende Bahnhöfe: Charlottenburg, Zoologischer Garten, Bellevue, Lehrter Stadtbahnhof, Friedrichstraße, Börse, Alexanderplatz, Jannowitzbrücke und Schlesischer Bahnhof; 1885 kam Tiergarten, 1896 Savignyplatz hinzu. Dem Fern- und Vorortverkehr dienten nur die Bahnhöfe Charlottenburg, Friedrichstraße, Alexanderplatz und Schlesischer Bahnhof, seit 1884 auch Zoologischer Garten. Der Bahnhof Friedrichstraße wurde in den Jahren 1914–1923 durchgreifend umgebaut und erweitert. Einen ähnlichen Ausbau erfuhr Ende der dreißiger Jahre der Bahnhof Zoologischer Garten.«

Mikrokosmos

Im Katalog der von ihm zusammengetragenen Ausstellung »Die Welt der Bahnhöfe« beschreibt Jean Dethier den Bahnhof als »eines der wenigen öffentlichen Gebäude, die aus der industriellen Revolution hervorgegangen sind und seit 150 Jahren wunderbar jedes Tasten, jede Fluktuation, jede Veränderung unserer westlichen Gesellschaft illustrieren.

Bahnhöfe entschleiern die Mythen und Realitäten der Neuzeit. Sie sind ein echter Mikrokosmos des Industriezeitalters. Ein Ort, wo alle sozialen Klassen zu finden sind; durch ihre ganze Geschichte hindurch im Zentrum der Aktualität, ein Spiegel der sozialen Wirklichkeit.«

Die West-Berliner Bahnhöfe der Stadtbahn spiegeln nur noch Erinnerung an gesellschaftliche Wirklichkeit wider. Sie illustrieren keine Veränderungen mehr, sie halten Stillstand fest. Hier ist ein Verkehrsmittel, ein Ding, das nie etwas anderes als Mittel zum Zweck war, im Begriff, ganz zu sich selbst zu kommen. Von ihren Reisenden vergessen, leben diese Bahnhöfe, diese Züge nur noch der Erinnerung an eine Epoche der Technik-Geschichte. Was amerikanische Pop-Artisten Mitte der sechziger Jahre träumten – ein Woolworth-Kaufhaus zwanzig Jahre lang zu versiegeln und danach als Museum der Populärkultur wieder zu eröffnen: Auf der S-Bahn ist dieser Traum längst Wirklichkeit, die West-Berliner Stadtbahn ist die größte Museumsbahn der Welt.

Industrie-archäologie

Wo die Zeit stehengeblieben ist, da wird die Fahrt mit der Bahn auf jedem Streckenabschnitt zur archäologischen Exkursion. Bellevue – die intakte geschlossene Bahnhofshalle ist neben der des Bahnhofs Börse – heute: Marx-Engels-Platz – die einzige noch vorhandene Originalausführung von 1881. Tiergarten – kaum noch Erinnerungen an die ursprüngliche Architektur, die geschlossene Bahnhofshalle von 1885 ist dem Ausbau der Ost-West-Achse zum Opfer gefallen, an ihre Stelle ist eine einfache, an den Seiten offene Überdachung getreten. Zoologischer Garten – die Bahnhofshalle eine Stahlkonstruktion aus den dreißiger Jahren, der Neubau hat die Spuren des 19. Jahrhunderts verwischt. Savigny-Platz – kurz vor der Einfahrt in den Bahnhof liest der Reisende die verwitterten und verblichenen Reklameschriften auf den Rückfronten der Wohnhäuser entlang der Strecke: HALPAUS-Zigaretten, TATTERSALL DES WESTENS, LIPTONS-THEE; auf der Brandmauer neben dem Nordgleis, kaum mehr zu erkennen unter der schwarzbraunen Rußablagerung der Dampflokomotiven, die hier bis in die siebziger Jahre die Interzonenzüge durchgezogen haben: KPD. Charlottenburg – eine klinisch kalte, wie ein Schwimmbad gekachelte, in den siebziger Jahren des 20. Jahrhunderts gebaute Schalterhalle; Bahnsteigüberdachungen aus der zweiten Hälfte der vierziger Jahre als Ersatz für die im Krieg zerstörten alten Abdeckungen; ein lange schon geschlossener, leerer hölzerner Tabakkiosk, staubüberzogene Demonstrationspackungen hinter Glas, blaugrün absplitternder Lack, Erinnerungen an die Jahrhundertwende.

Ort der Unruhe

»Zeigt die Beteiligung der Ingenieure an der Konzeption der Bahnhöfe im 19. Jahrhundert das Vertrauen einer Minderheit in die der Technik und dem Fortschritt zugewandte Zukunft, so waren die Vorschläge der Architekten das genaue Gegenteil und spiegelten so die Meinung eines Großteils der Öffentlichkeit wider, nämlich die Angst vor einem zu gewagten Sprung in die Zukunft, der Wunsch nach einer vorsichtigen Dosierung von Tradition und Neuerung. Aus diesem Grunde nehmen fast alle Bahnhofsgebäude des 19. Jahrhunderts die Gestalt von griechischen Tempeln, römischen Thermen, romanischen Basiliken, gothischen Kathedralen, Renaissanceschlössern und barocken Klöstern an, damit die Umwälzung, die die Einrichtung der Eisenbahn in der Stadt bedeutet, nicht zu brutal wirkt. Dieser Rückgriff auf Nachahmung und historischen Fetischismus ist die Erklärung für eine gewisse Angst vor dem Ausbruch von so viel Fortschritt, der schon jetzt eher beunruhigt als beruhigt. Viele unserer Zeitgenossen empfinden angesichts des Bahnhofs, dieses typischen Orts der Unruhe, noch immer eine dumpfe Bedrohung. Die Eisenbahnarchitektur hat deshalb ein Jahrhundert lang die Angst vor einer Modernität, die als Aggression empfunden wird, zu sublimieren versucht. Projekte von zeitgenössischen Architekten, die nur einen Hauch des Modernen hatten, sind fast nie realisiert worden. Von den Hochflügen futuristischer oder expressionistischer Architekten aus dem Beginn dieses Jahrhunderts ist nichts übriggeblieben als ein paar Skizzen, die man in die Sackgassen der Geschichte gedrängt hat.«

Ort der Öde und des Profits

Jean Dethier versteht es nicht nur, die internationale Bahnhofsarchitektur von 1830 bis 1930 zu analysieren, er hat auch erkannt, daß die Dominanz des Funktionalismus, der klassischen Moderne, die Bahnhofsbauten der letzten fünfzig Jahre zu total neutralen Orten gemacht hat, deren Leere – wie er schreibt – »sogar die Technokraten erschreckt, die jetzt versuchen, die Öde durch das Abspielen eines musikalischen Sirups zu verdecken.« Dethier weist darauf hin, daß die modernen Bahnhöfe in aller Welt fast jedes äußere Zeichen ihrer Bestimmung aufgegeben haben, daß sie sich einschließen in die Kopie der Modelle, die das augenblickliche ökonomische System kennzeichnen: Einkaufszentrum, Bankgebäude, Bürohochhaus. Im distributiven Kapitalismus ist es nur konsequent, daß die Deutsche Bundesbahn ihren letzten Bahnhofsneubau, Hamburg-Altona, als KAUFBAHNHOF ausgeführt hat – die Kosten für den Abriß des alten, historischen Backsteingebäudes trug der KAUFHOF, vor seine Filiale hat die McDONALD-Kette den Altonaern ihre hundertste Ham & Cheese-Burger-Station gesetzt.

Da geht es auf dem Bahnhof Friedrichstraße vergleichsweise frühkapitalistisch zu – die INTERSHOP-Kioske fangen den Kunden nicht mit »Muzak« oder raffiniert gestaltetem Schaufenster-Display, der real existierende Sozialismus setzt auf eine einzige, altbewährte Waffe: den Dumping-Preis. Die Szenerie – GREPO-Doppelstreife auf dem gegenüberliegenden Fernbahnsteig, GREPO-Doppelstreife auf einem Laufgang hoch oben an der westlichen Stirnseite der Bahnhofshalle – erinnert fast an Schwarzmarktzeiten, wer hier Zigaretten kauft, muß achtgeben, nicht unwillkürlich CHESTERFIELD, PALL MALL, LUCKY STRIKE zu verlangen.

Der Bahnhof – ein bedrohtes Gebäude

Bahnhöfe leben gefährlich, nicht nur in Berlin (West), überall auf der Welt. In den USA sind bis 1980 einer Schätzung zufolge etwa 20 000 Stationen außer Funktion gesetzt worden, British Rail hat allein in den dreizehn Jahren von 1963 bis 1976 genau 3 539 Bahnhöfe stillgelegt.

In New York streitet eine Bürgerinitiative dafür, die vom Abriß bedrohte Grand Central Station zu erhalten. In England hat die Organisation SAVE eine streitbare Aufklärungsaktion zur Rettung des eisenbahnarchitektonischen Erbes in Gang gebracht.

In Berlin (West) sind seit dem 28. September 1980 nur noch 38 der insgesamt 77 S-Bahnhöfe in Betrieb, die anderen sind von der Reichsbahndirektion in der Wilhelm-Pieck-Straße verrammelt und verriegelt worden. Seit der Stillegung von vier Strecken, seit der zeitlichen Einschränkung des Zugbetriebes – nach 21 Uhr nur noch Pendelverkehr Charlottenburg–Friedrichstraße – kann von einem S-Bahn-»Netz« in Berlin (West) im Grunde genommen nicht mehr gesprochen werden – allenfalls von einem erweiterten Zubringerverkehr zum Umsteige-und Grenzübergangsbahnhof Friedrichstraße. Steht die Stadtschnellbahn kurz vor dem Ende ihrer langen Dienstfahrt?

Der Blick zurück zeigt, daß die Zukunft der S-Bahn schon seit 1961 gefährdet ist. Zwanzig Jahre lang hat die westliche Stadtbahn der Reichsbahndirektion in Ost-Berlin nichts als Defizite eingefahren, zwanzig Jahre lang war eben diese Gefährdung der Zukunft gleichzeitig Sicherung der Vergangenheit: Wo nichts verdient wurde, da konnte nichts investiert werden, getan werden konnte immer nur das Allernötigste: Alles, was erforderlich war, um die Betriebssicherheit zu gewährleisten. So haben die meisten Bahnhöfe ihr ursprüngliches bzw. ein durch Umbauten in den zwanziger und dreißiger Jahren geprägtes Aussehen behalten. An den Bahnhöfen der S-Bahn läßt sich ablesen, wie diese Stadt einmal ausgesehen hat, wie sie entstanden ist.

Zusammen- gewachsene Dörfer

Das historische Zentrum Berlins liegt heute im Ostteil der Stadt. Man muß es sich vergegenwärtigen: Bei ihrer Inbetriebnahme im Jahre 1882 war die Stadtbahn eine Verbindungslinie zwischen zwei voneinander unabhängigen Städten: Berlin und Charlottenburg. Nicht nur die Vorortbahn, auch die Ringbahn verband die Reichshauptstadt mit Dörfern außerhalb der Stadtgrenzen. Daraus erklärt sich der bis heute erhalten gebliebene ländliche Charakter so vieler Stationen.

Die großen, repräsentativen Stadtbahnhöfe, die wurden in der Friedrichstraße gebaut, am Alexanderplatz, am Schlesischen Bahnhof, am Zoologischen Garten. Im Zentrum oder doch nahe dem Zentrum lagen damals nur noch die Haltepunkte Jannowitzbrücke, Börse, Lehrter Stadtbahnhof, Bellevue und Tiergarten, alles andere – mit Ausnahme der S-Bahnhöfe neben den Kopfbahnhöfen der Radialstrecken – befand sich anfangs weit draußen in offenem Gelände. Hier wurden einfache Bahnhöfe gebaut, hier wurde keine wilhelminische Pracht entfaltet. Ausnahmen wie z.B. Berlin-Lichterfelde Ost erklären sich aus historischen Funktionen: Hier hielten die kaiserlichen Sonderzüge.

Andere Bahnhöfe, auf deren Gestaltung besondere architektonische Sorgfalt verwendet wurde – z.B. Hohenzollerndamm, Botanischer Garten, Frohnau –, waren als Teilstücke angrenzender repräsentativer Wohnanlagen konzipiert und wurden von den jeweiligen Bauherren mitfinanziert. Der Vorortbahnhof hat humane Dimensionen. Hier wird der Reisende von der Architektur nicht eingeschüchtert, nicht diszipliniert. Gelbe und rote Backsteine, gußeiserne Säulen, Bahnhofsdächer und Sitzbänke aus Holz, überdachte Auf- und Abgänge, die wie Gewächshäuser aussehen – da fühlt der Reisende aus der Beton-und Plastikwelt der achtziger Jahre des 20. Jahrhunderts sich tatsächlich in die »gute alte Zeit« zurückversetzt.

Die gemordete Stadt

Zugegeben, viele Bahnhöfe sehen heruntergekommen und verfallen aus – gerade darin liegt eine große Chance für Berlin. Die alten Baupläne sollen alle noch erhalten sein, jeder Bahnhof könnte originalgetreu restauriert werden. West-Berlin ist eine Stadt ohne historische Tiefe, anders als anderswo bewegt sich der Bürger hier immerzu im Jetzt. Vergleicht man Berlin mit anderen europäischen Großstädten, Paris etwa oder London, dann wird einem diese spezifische Geschichts- (und Gesichts-)losigkeit der Stadt schlagartig bewußt. Mit der Erhaltung und Instandsetzung der Bahnhöfe der S-Bahn könnte die Stadt ganze Kapitel ihrer Geschichte, einen Teil ihres Bewußtseins, ihrer Identität zurückgewinnen. Ob das Land Berlin, ob die Bürger der Stadt dieser Erkenntnis fähig oder gewillt sind, darf allerdings bezweifelt werden. Die »gemordete Stadt«, wie Wolf-Jobst Siedler sie einmal genannt hat, ist ja nicht nur dem Bombenkrieg, sie ist danach ihren überlebenden Einwohnern zum Opfer gefallen. Hier wurden Fassaden abgeschlagen, hier wurde abgerissen, was nur abzureißen war. Ein Beispiel: Der Anhalter Fernbahnhof am Askanischen Platz, der prächtigste Bahnhof der alten Reichshauptstadt. Der Zweite Weltkrieg hatte nur das Dach zerstört, alles andere war weitgehend erhalten geblieben. Von 1959 bis 1961 wurde der Bahnhof abgerissen, heute steht nur noch das Portal. Es dürfte gar nicht nötig sein, eine lange Reihe weiterer Beispiele anzuführen – eine Stadt, die eine Traditionsstätte, eine Identifikationsstätte wie ihren nach dem Krieg wiederaufgebauten Sportpalast in den siebziger Jahren dem Erdboden gleichgemacht hat, eine solche Stadt wird sich doch nicht ihre Stadtbahn erhalten wollen. Oder etwa doch?

London Transport

Verkehrstechnisch sollte es möglich sein. Denkbar, planbar, vermutlich auch realisierbar erscheint jedenfalls eine S-Bahn-Sanierung, die die singulären, nirgendwo sonst in Deutschland so erhalten gebliebenen Zeugnisse der alten Eisenbahnarchitektur mit den modernsten technischen Ausrüstungen des Stadtschnellbahnbetriebs zusammenbringt, ohne sich hinter Scheinargumenten vorgeblicher Unvereinbarkeit von Vergangenheit und Zukunft zu verschanzen. Es gibt ja Beispiele, es gibt andere Städte, die ganz deutlich zeigen, wie gut das zusammengeht, alt und neu.

In London befahren silbrig glänzende, stromlinienförmige U-Bahnzüge aus den sechziger Jahren des 20. Jahrhunderts ein Streckennetz, das ebenso alt ist, wie das der Berliner S-Bahn. Auch in London ist die Zeit auf vielen Untergrundbahnhöfen stehengeblieben, einfach deshalb, weil das Konservieren, das Bewahren einen Grundzug der britischen Mentalität ausmacht – und weil der öffentliche Personennahverkehr auch in Großbritannien ein Zuschußgeschäft ist.

Juristischer Exkurs

Die Hauptgefahr für die Erhaltung der Stadtbahn resultiert möglicherweise aus den komplizierten Rechtsgrundlagen ihres Betriebs. Joachim Trenkner hat die überaus verwickelte juristische Situation im März 1980 in der »Frankfurter Rundschau« analysiert: »Die Berliner S-Bahn entstammt der Konkursmasse des Dritten Reiches. Und wie so oft bei altem deutschen Reichsvermögen ist die Rechtslage nicht eben simpel – und dennoch eindeutig. Die sowjetische Militär-Administration beschlagnahmte kurz nach Kriegsende das 530 Kilometer lange Streckennetz und alle innerstädtischen Eisenbahnanlagen. Wenige Monate danach, im August 1945, übertrug die russische Komandatura den Bahn-Betrieb für ganz Berlin der in Ost-Berlin ansässigen Reichsbahndirektion. Die erste S-Bahn in der zerstörten Stadt, betrieben von Eisenbahnern der damaligen sowjetischen Besatzungszone, pendelte zwischen Zehlendorf und Schöneberg im amerikanischen Sektor. Die westlichen Alliierten erklärten sich mit dieser Regelung einverstanden. Aber Amerikaner, Engländer und Franzosen behielten sich die Hoheitsrechte über das Bahngelände für ihren jeweiligen Sektor vor, also für West-Berlin. Der heutigen DDR wurden seinerzeit im ostwestlichen Einvernehmen lediglich die Betriebsrechte für die S-Bahn, sowie die Nutzungsbefugnis für die Fernbahnanlagen übertragen. An diesem Arrangement hat sich nichts geändert. Nach wie vor sehen die Alliierten darin einen Auftrag an die Deutsche Reichsbahn, den sie jederzeit zurückziehen können. Und mehr noch: die Reichsbahn verfügt nicht nur über das Betriebsrecht, sondern unterliegt sogar einer Betriebspflicht.

Hinter den alliierten Regelungen von einst verbirgt sich möglicherweise das Geheimnis, warum die DDR bis heute an dem antiquierten und ideologisch widersprüchlichen Namen Deutsche Reichsbahn festhält. Es geht um Geld, um viel Geld; es geht um das West-Berliner Vermögen der Reichsbahn: eine Milliardensumme, mit der Ost-Berlin seit jeher liebäugelt und die zumindest teilweise von Reichsbahndirektor Grohs nun erneut angefordert wurde. Der Betrag gilt als von den Alliierten akquiriertes Sondervermögen und wird von einem Büro beim West-Berliner Finanzsenator treuhänderisch verwaltet. Eigentümer ist das Deutsche Reich, das nicht mehr existiert und dessen Erbfolge die DDR stets vehement bestritten hat.«

Fahrt frei

Der Verweis auf den – in der Zwischenzeit aus dem Amt geschiedenen – Reichsbahndirektor Grohs, den Joachim Trenkner hier macht, bezieht sich auf ein Interview, das die Ost-Berliner Reichsbahner-Zeitung »Fahrt frei« im Februar 1980 veröffentlichte. Grohs forderte darin eine Subvention des Westberliner S-Bahnbetriebs durch den Senat. Im Wortlaut: »Es kann nicht länger hingenommen werden, daß die DDR aus ihrem Nationaleinkommen Jahr für Jahr die hohen und ständig wachsenden Defizite des S-Bahnverkehrs in West-Berlin trägt.« Vier Jahre zuvor, im April 1976, hatte die Reichsbahn schon einmal versucht, mit dem Senat ins Gespräch zu kommen – sie machte ihm das Angebot, die West-Berliner S-Bahn zu pachten. Diese Idee war damals keineswegs neu, es war auch keine Ost-Idee: Bereits im Herbst 1966 hatte der damalige Chef des Verkehrsreferats der BVG (West), Dr. Goltz, in einem Zeitungsinterview erklärt: »Nun, ich könnte mir zum Beispiel vorstellen, daß die BVG von der Ost-Reichsbahn das in West-Berlin vorhandene S-Bahn-Netz hinsichtlich des Betriebes pachtet.« So wortwörtlich nachzulesen im »Spandauer Volksblatt« vom 2. Oktober 1966.

Status quo

Der West-Berliner Senat hat zwanzig Jahre lang nichts dazu beigetragen, das S-Bahn-Problem zu lösen. Immer noch fahren die 1961 eingesetzten Boykott-Busse neben den S-Bahn-Strecken her, immer noch gibt es keine Umsteigefahrscheine von der Stadtbahn auf die U-Bahnen oder die Autobusse der BVG. Selbst als die streikenden West-Berliner Beschäftigten der DDR-Reichsbahn im September 1980 nicht länger bereit waren, für die Ost-Berliner Direktion zu arbeiten und den West-Berliner Senat aufforderten, mit den Alliierten und der DDR über eine Abtrennung des westlichen S-Bahn-Streckennetzes und über die Übernahme der Betriebsrechte zu verhandeln, selbst in dieser dramatischen Situation zeigte sich der Senat nicht gewillt, am Status quo zu rühren. Knappe Begründung: Die Alliierten seien nicht bereit, in neue Berlin-Verhandlungen einzutreten.

Regierungserklärung

Erst Hans-Jochen Vogel brachte hier die Wende. Seit er sich dafür ausgesprochen hat, die S-Bahn in einen West-Berliner Verkehrsverbund zu integrieren, ist eine grundsätzlich neue Situation entstanden. Mußte man bis zum Februar 1981 damit rechnen, daß der Betrieb der elektrischen Stadtschnellbahn womöglich von einem Tag auf den anderen ganz eingestellt werden würde, so dürfte jetzt zumindest erst einmal Zeit gewonnen sein. Zeit wird Vogels Nachfolger auch brauchen – orientiert man sich an den verschiedenen, im Laufe der siebziger Jahre geführten Berlin-Verhandlungen, dann muß man davon ausgehen, daß S-Bahn-Gespräche zwischen Senat, West-Alliierten, Sowjetunion, DDR und Bundesrepublik mindestens zwei oder drei Jahre dauern werden, womöglich sogar noch länger.

Ressortübergreifende Planung

Verkehrspolitisch vorbereitet ist der Senat auf solche Verhandlungen bereits seit 1974. Seit sieben Jahren liegt der Bericht eines ressortübergreifenden Planungsteams vor, das sich zwei Jahre lang intensiv mit dem öffentlichen Personennahverkehr in Berlin (West) beschäftigt und schon damals einen Verkehrsverbund BVG/S-Bahn vorgeschlagen hat. Die Planung sieht unter anderem veränderte Linienführungen zur Anpassung an die in den letzten fünfunddreißig Jahren in West-Berlin neu entstandenen Verkehrsströme vor, etwa dreißig Verknüpfungsbahnhöfe S-Bahn/U-Bahn, den Neubau kurzer Streckenabschnitte und Verbindungsschleifen.

Rettet die Bahnhöfe!

Seit dem Streik der West-Berliner Eisenbahner im September 1980 ist die S-Bahn zum Gegenstand öffentlicher Erörterungen und Auseinandersetzungen, ist sie zum ersten Mal seit ihrer Elektrifizierung wieder zum »Stadtgespräch« geworden. Auf offizieller Ebene und in den Medien hat man dieses Gespräch, diese Diskussion bisher rein technokratisch geführt, mehr oder minder als Haushaltsdebatte.

Wir möchten mit diesem Buch den Versuch unternehmen, qualitative Überlegungen einzuführen in eine Auseinandersetzung, die bisher beherrscht wird von quantitativen Argumenten. Wir haben die alten Bahnhöfe fotografiert, weil wir wollen, daß sie nicht abgerissen werden, weil wir wollen, daß sie erhalten bleiben, weil wir wollen, daß sie originalgetreu restauriert werden! Wir haben die S-Bahn fotografiert, um ein Kapitel Technikgeschichte und ein Kapitel Architekturgeschichte festzuhalten – und auch ein Stück Berliner und Deutscher Geschichte. Wo immer es möglich war, sind wir ganz nah rangegangen. Wir haben versucht, Dokumentarfotos zu machen. Bilder, die die S-Bahn, die Stadtbahnlandschaft zeigen, wie sie ist, von allen Seiten, zu allen Jahreszeiten. Die Fotos, die wir in diesem Buch vorlegen, sind nicht fertig. Es sind lauter Einzelteile, lauter Ausschnitte, lauter Fragmente. Montiert zu einem Ganzen werden sie erst von den Augen derjenigen, die sie ansehen.

Alfred Behrens
Berlin, im Juni 1981

Leseliste

Die Bauwerke der Berliner Stadt-
eisenbahn,
Sonderdruck der Zeitschrift für
Bauwesen, Berlin 1884

Berlin und seine Eisenbahnen,
Berlin 1896

Kann die BVG die S-Bahn
pachten?
Spandauer Volksblatt, 2. 10. 1966

Günter Kunert,
Fahrt mit der S-Bahn,
Berlin und Weimar 1968

Bernhard und Hilla Becher,
Anonyme Skulpturen –
Eine Typologie technischer Bauten,
Düsseldorf 1970

Kurt Pierson,
Dampfzüge auf Berlins
Stadt- und Ringbahn,
Augsburg 1971

Der Regierende Bürgermeister
von Berlin –
Senatskanzlei/Planungsleitstelle,
Abschlußbericht Nahverkehr 1974,
Berlin 1974

Uwe Johnson,
Berliner Sachen,
Frankfurt/Main 1975

Hans Baluschek,
Ausstellungskatalog,
Kunstamt Kreuzberg 1975

Elisabeth Niggemeyer,
Wolf-Jobst Siedler,
Berlin – Die gemordete Stadt,
München 1978

Manfred Hamm,
Berlin – Denkmäler
einer Industrielandschaft,
Berlin 1978

Hermann Glaser,
Spurensicherung –
Über die Notwendigkeit
der Erforschung und Erhaltung
von Industriekultur,
Frankfurter Rundschau, 15. 12. 1979

Joachim Trenkner,
Ende einer langen Dienstfahrt?
– Das ungewisse Schicksal
der Berliner S-Bahn,
Frankfurter Rundschau, 29. 3. 1980

Raffael Rheinsberg,
Anhalter Bahnhof –
Ruine oder Tempel?
Berlin 1980

Peter Bley,
Berliner S-Bahn,
Vom Dampfzug zur
elektrischen Stadtschnellbahn,
Düsseldorf 1980

Die Welt der Bahnhöfe,
Ausstellungskatalog,
Centre Georges Pompidou Paris/
Staatliche Kunsthalle Berlin,
Berlin 1980

Sabine Bohle-Heintzenberg,
Architektur der Berliner Hoch- und
Untergrundbahnen,
Berlin 1980

Wir danken allen, die uns geholfen haben, dieses Buch zu machen:

Roman-Alfred Adler
Arthur Albrecht
Christel Albrecht
Peter Bley
Sabine Bohle-Heintzenberg
Erich Brückner
Rosemarie Brummer
Peter Buchmann
Ursula Burkhardt
Käte Freund
Helga Fuchs
Elli und Ernst Gossow
Manfred Hahn
Sigurd Hilkenbach
Detlev Jentzsch
Egon Koch
Herbert Kraft
Antje Kuhnert
Lisa Kvapil
Wilhelm Lange
Edith Lohse
Claus Menzel
Gertrud Möller
Charlotte Müller-Wolf
Jens-Peter Richnow
Anneliese und Johann Schmidt
Rainer Stiller
Renate Stührmann
Detlev Wittgen

CIP-Kurztitelaufnahme
der Deutschen Bibliothek
Berliner Stadtbahnbilder
Alfred Behrens; Volker Noth.
– Frankfurt (M.); Berlin; Wien;
Ullstein, 1981
ISBN 3-550-07945-1
NE: Behrens, Alfred